Kraften vinner krigen

Av Tom Arild Fjeld

Utgitt 2015

Tro og visjon forlag

Kraften vinner krigen

ISBN 978-82-93410-34-8

Kraften vinner

Forfatter: Tom Arild Fjeld

Utgave: 1- utgave 2015
ISBN 978-82-93410-34-8
Tro og visjon forlag
Trykkeri: Laser trykk
Layout: Frank Håvik
Tekst: Times New Roman 13
Overskrifter: Lucida Handwriting 13

Hos Tom Arild Fjeld, mail: tomarildfjeld@gmail.com

Kraften vinner krigen

Pinsens ild og kraft i moderne tid

Innledning

Som en kristen har jeg alltid ønsket å få tak på alt som kunne bringe meg enda et skritt nærmere Kristus. Jeg har sett at alle brikkene som er i Herrens fantastiske mangfold, vil Han at vi skal få tak på. Mange spørsmål har jeg hatt til Herren. Svarene på ett av dem vil jeg dele med dere her.

Hva mer av dybder, bredder, høyder og lengder er det oss gitt i dåpen i den Hellige Ånd og ild?

Jeg skjønte tidlig i mitt kristne liv at det var visse ting som var av grunnleggende viktighet for et seirende kristenliv for oss alle. Hva mente døperen Johannes da han uttalte: "Men dere skal døpes med den Hellige Ånd og ild." (Matt 3,11)

Jeg startet en søken etter dette.
Da kom jeg fort over litteratur om Guds kjemper opp gjennom tidene. Om hvordan Gud hadde brukt disse personer mektig gjennom den Hellige Ånds kraft, på en suveren overnaturlig måte. Dette ledet meg til pinsefestens dag.

Ved å studere dette og alle andre grunnsannheter som fører frem til pinsefest -dagens revolusjonerende og grensesprengende viktigheter, fikk jeg etter hvert tak på fantastisk litteratur angående dette fra det 19.- og det 20.

århundre. Jeg så gjenoppdagelse av kraften i økende grad. Den som har vært tilgjengelig for oss siden pinsefestens dag! Nemlig:

Dåpen i den Hellige Ånds kraft og ild

Den store viktigheten for utbredelsen av vitnesbyrdet (martyrium) av det fulle evangeliet, om Jesu forsoningsverk på Golgata med Ånds og krafts bevis. Slik at proklamasjonen av det glade budskap - fredens evangelium - kunne utføres. Og slik at det var det fulle evangeliet om Kristi forsoning som ble forkynt, deklarert og proklamert. Paulus sier det så fint i brevet til Romerne 1,16: "For jeg skammer meg ikke ved evangeliet, for det **ER** en **GUDS KRAFT** til frelse for hver den som tro, både for jøde først og så for greker."

Allerede rundt år 100 etter Kristus og helt opp til det 15.århundre, var den Hellige Ånds åpenbarelse nesten ikke å se.
Det vi har sett av Åndens åpenbaringer med tegn, mirakler og kunnskap de siste 200 år, har ikke vært sett siden pinsefestens dag. Det er mer nå, enn det var da - enda det vi ser nå, er veldig lite i forhold til hva Bibelen viser oss det kan være - og hva Herren vil det skal være!

Mitt lys oppe i dette er: Det hviler et gedigent ansvar på oss som bekjenner oss til den kristne tro. Skal vi bekjenne oss til denne tro, så må vi også stå for og utøve det vi tror på! Hvis ikke er vi ulydige mot vår tro. **Lydighet mot, og utøvelsen av pinsefestens budskap, er en manifestasjon av Jesu Kristi forsoningsverks seier over Satan og alt hans velde. Det syndstilgivende Jesu Kristi blod til renselse fra all synd, for alle dem som tar imot Jesu Kristus som sin personlige Frelser - og blir født på ny.**

Djevelen har siden pinsefestens dag vært livredd for den Hellige Ånds, kraft og ild.
Jeg vil sitere litt fra Lewi Pethrus bok "Brytningstider og seierstider".
Han skriver: "Åndsdåpen med medfølgende gaver var det første som forsvant fra forkynnelsen, sammen med erfaringen av det, da menigheten begynte å falle fra den ur-kristne troen. Det ble ikke stort igjen enn en gjerningslære av den kristne tro.
Det har aldri hendt at en kirkeorganisasjon som sådan er blitt bærer av åndelig fornyelse eller det en i alminnelighet kaller for vekkelse. Det er individer i samfunnet som har vært og er redskaper til slike bevegelser.
Vår tid er tiden for å reise seg som enkelt-individer fylt av den Hellige Ånds kraft og ild."
Å være bærere, krigere, bevis-produsenter og overvinnere med Kristi seier over alt Satans verk, til en verden i nød. Satan er under våre føtter for evig.

De viktigste bøkene jeg fant på emnet
var bøker om mennesker som ble døpt i den Hellige Ånd 19. århundre, og bøker om Åndens utgytelse i det 20. århundre. De viktigste bøkene her har vært bøker om og av T.B. Barratt, grunnleggeren for pinsebevegelsen i Europa. Han startet opp den første pinsebevegelsen i sitt hjemland Norge, selv om han var født i England. I en av bøkene skrevet om han, blir det lagt grundig teologisk ut om ”Pinsens under” som jeg velger å kalle det.

Sett i et profetisk lys
Tror vi virkelig vi er i avslutningen av vår tidshusholdning? Det igjen betyr, at de som bekjenner seg til den kristne tro, må se sitt ansvar i saken - eller begynne med noe helt annet! Jeg tror vi skal se Åndens utgytelse **NÅ**, i en størrelsesorden verden aldri har sett, som ikke engang ble sett på apostlenes tid. Dette igjen tror jeg vil føre til Jesu Kristi snare komme. **Vi får evangeliet om Jesus Kristus ut med Åndens kraft med overbevisning verden over, slik at Kristus kan komme igjen.**

Jeg har ikke tro på pinsebevegelsen (kirkesamfunnet), men på **pinsevekkelsen** og **pinsens kraft,** og en **ny** pinsebevegelse verden over, som kulminerer i Jesu gjenkomst.

Dåpen i den Hellige Ånds "inntreden" i Norge

Den Hellige Ånds dåp kan nok ha kommet tidligere enn dette. Men dette er hva jeg vet sikkert. Dere vil også se i boken at dåpen i den Hellige Ånd skjedde flere steder i Norge, både før og etter det året T.B. Barratt kom tilbake, døpt i den Hellige Ånd og ild. (Han kom fra Amerika, desember 1906). Lewi Pethrus ble døpt i den Hellige Ånd på fergen fra Lillesand til Oslo i 1902. Hans Storm Monsen ble døpt i den Hellige Ånd på en fjelltopp i Stavanger i 1895. Herren arbeidet ved den Hellige Ånd på flere fronter nesten samtidig, i Norge.

Har du kun hørt historier som andre har opplevd? Er du på søken etter **opplevelsene** av den Hellige Ånd i alle de variantene du har hørt om? Hvis så, er du på feil vei. Herren vil ha **deg,** Han vil du skal **tilbe** og **leve et overgitt liv til Ham.** Han vil ta deg i tale **personlig.** Han vil gjøre deg til den Han vil du skal være. Han vil la den Hellige Ånds ild og kraft virke igjennom deg, slik Han ønsker. Mange har opplevelser av den Hellige Ånd på en bestemt måte. Straks tror de at slik skal det alltid være. Ting blir nesten gjort til en lære (et ritual). Dette er en felle mange faller i. La den Hellige Ånd lede ditt liv i Jesus Navn.

Gud velsigne deg i studiet av denne boken. Må den bringe deg til nye høyder i den Hellige Ånds ild og kraft.

En kirkehistorisk innledning

1 Vi ønsker å komme så nær urkristendommens åndelige liv og forkynnelse som mulig.
Det er spennende å se at mennesket er det samme i dag som det var rett etter den sen-apostoliske tid. De søkte etter det vi også må søke, som sanne gjenfødte i dag. Vi må rive himmelens krefter til oss med makt! Skal vi få dette til, må vi være **villige til å betale prisen for Guds underbare kraft med våre liv.** Det å følge Kristus i Hans kraft, er en lidelsens vei. Er vi villige til å gå lidelsens vei, så får vi oppleve virkeligheten av det som her er tilgjengelig - og har vært det siden pinsefestens dag! Nemlig: Den vidunderlige Hellige Ånds kraft og ild i våre liv - og til verden rundt oss.

2. Den Hellige Ånds dåp, med ild, Ånd og kraft, spilte en avgjørende rolle i de første kristnes liv. Nådegavene forsvant ikke med apostlene. Professor Fredrik Nilsen sa: «De største personligheter i oldkirken kan vitne om at nådegavene forble i de kristnes felleskap. De forsvant ikke med apostlene».

3. Få del i alle de åndelige nådegaver i overflod. Kirkefader Ignatius skrev i et brev til kirkefader Polykarp i Smyrna og oppmuntret ham til å **få del i alle de åndelige nådegaver i overflod.** Her igjen ser vi den samme lengsel som vi må ha i dag, for å få dette i gang med den Hellige Ånds kraft. La oss gå inn for å få del i **alle** de åndelige nådegaver i **overflod**. Begynn å utøve gavene i tro - uten følelsers dominering.

4. Vi ser helt klart at dåpen i den Hellige Ånd, må tas frem mye sterkere i dag enn det blir gjort. Vi må forstå, det vi ikke forstår: At den Hellige Ånd som er sendt, har all Åndens kraft og ild som er nødvendig for oss! Det er mer enn nok til å komme inn i det seirende livet vi behøver i vår oppgave for Jesus. **Vårt motto må være - Han, Jesus, skal vokse i oss og vi skal avta i vårt eget.**

5. Montanismen gikk for en «Ånds-kirke" i stedet for en "biskop-ledende kirke".
Når vi vil leve et liv overgitt til Kristus og med en sterk bevisst dåp i den Hellige Ånd, vil våre liv være en "Åndens kirke". Vi skal være et tempel for den Hellige Ånd. La dette bli sterkere bevisst for oss nå enn noen gang. Over alt hvor du beveger deg, er den Hellige Ånds ild og kraft. Den er i deg 24 timer i døgnet - hver en dag.

6. Den Katolske kirke framholdt fra det første århundre, at Guds vilje var at tungetalen litt etter litt skulle dø ut.
Den Katolske kirke ville også ha kontroll over den Hellige Ånd. Det er helt vanvittig. Den treenige Gud Jehova er den som styrer alt, vi

mennesker styrer ingenting. Vi er heller ikke i stand til å styre noe åndelig, men den Hellige Ånd kan styre Guds vilje igjennom oss, til den verden som er rundt oss. Det er lett å se ved å studere litt i kirkehistorien, hvilket problem den Hellige Ånds ild og kraft, var for maktsyke mennesker!
Den Hellige Ånds ild og kraft, er det Gud har sendt til oss, Han har sendt sitt eget potensial til vår disposisjon i Jesu Navn, når vi lever våre liv overgitt til Jesus. Det ligger jo helt oppe i dagen at en kraft som dette, vil være et hat-objekt for maktsyke mennesker. Men nå er den Hellige Ånd sendt til jorden. Det ble den på pinsefestens dag. Gud sier til deg: "Vær så god, den er deg gitt i Jesu Navn, når du lever ditt liv overgitt til din Herre og Frelser Jesu Kristus."

Vi ser det helt klart i dag, alle de sterke åndelige retninger som vil blinde våre øyne og føre oss solid vekk i fra Sannheten. Gud vil stå med oss helt og fullt, hvis vi vil stå med Ham.
Jeg tror denne boken er viktig for denne tiden og nærmeste framtid. Vi må ha vårt faste ståsted og troens overbevisning, i nettopp den Hellige Ånds tilstedeværelse, virksomhet og kraft. Den Hellige Ånd vil virke igjennom alle som er født på ny. Igjennom oss alle - i dag som i går og til evig tid. (Heb 13,8)

Innholdsfortegnelse

1 Kapittel Så lenge Kristendommen var en fri bevegelse
2 Kapittel Gud er Ånd
3 Kapittel Ånden som går
4 Kapittel Tidens fylde
5 Kapittel Klargjøring for å motta kraften 1
6 Kapittel Klargjøring for å motta kraften 2
7 Kapittel 5 tilfeller av dåpen i den Hellige Ånd i Det Nye Testamentet
8 Kapittel Ånds-dåp eller ild-dåp
9 Kapittel Den første nye skapning
10 Kapittel Dåpen i den Hellige Ånd
11 Kapittel Pinsefestens dag og effekten av det i vår moderne tid – et historisk perspektiv
12 Kapittel Den Hellige Ånds kraft er med oss og herliggjør Kristus gjennom den seier Han vant på Golgata
13 Kapittel Nådestolen
14 Kapittel Den Hellige Ånds ild & kraft, er igjen tatt ned i den vestlige verden
15 Kapittel Charles Parham, (31.12.1900 - Den Hellige Ånd falt i Bethel College, Topeka, Kansas, USA.
16 Kapittel Låven i Azuza Street, Los Angeles (1906) og vekkelsens utbredelse
17 Kapittel De store teltmøtene og helbredelses-vekkelsen i USA.
18 Kapittel Den har vært her siden pinsefestens dag
19 Kapittel Hvor var miraklene i stor skala?

20 Kapittel Vantro-lokket på Norge
21 Kapittel Uten det grunnleggende – har vi ingenting
22 Kapittel Krigen begynner – mellom ånd og kjød

Kapittel 1

Så lenge Kristendommen var en fri bevegelse

Jeg ønsker å ta med noe fra Jesu tid og fremover angående den Hellige Ånd. Og vil sette litt i tidsperspektiv og samtidig vise at det som skjedde den gang, er de samme ting som går igjen i dag. Jeg ble overrasket selv over likhetene. Det første som slo meg var at: Mennesker er de samme og Gud er den samme. Så lenge kristendommen var en fri bevegelse, fikk den stor fremgang. I de første århundrer etter Kristus, inntok Jesu Kristi etterfølgere land og verdensdeler med evangeliet. **Den enkle likefremme, nesten robuste forkynnelse av Jesus og den Hellige Ånd, hadde en slagkraft som intet materiell eller åndelig makt kunne stå imot.** Med styrke som et "skred" banet det seg vei med budskapet om den korsfestede, i hedensk filosofi og religiøsitet.

Historiens første vekkelsesbevegelse.
Den første vekkelse brøt ut i Jerusalem på pinsedag, 33 år etter Jesu fødsel. Da manifesterte den Hellige Ånd Seg som tunger av ild og satte Seg på deres hoder og de talte mange forskjellige språk (tungetale). Det helt vesentlige var mottakelsen av den Hellige Ånds kraft, til å bringe ut vitnesbyrdet (martyrium, gresk). Den

Hellige Ånds oppgave er å herliggjøre Jesus, overbevise verden om synd, rettferdiggjørelse og dom. Videre å minne de troende om hva Jesus sa og gjorde.

Den Hellige Ånd fylte Jesu etterfølgere med et ukuelig mot og et flammende budskap om Jesu oppstandelse. Det fremgår tydelig av Apostlenes gjerninger, at den Hellige Ånd er en guddommelig person, som taler og får andre til å tale. Den vitner, utsender kristne forkynnere og utpeker mennesker til tjeneste i Kristi legeme. Den Hellige Ånd er Kristi stedfortreder, idet Jesus fortsetter Sitt arbeid etter himmelfarten, igjennom Ånden. Den Hellige Ånd er gitt for å opphøye Jesus for Hans disipler. Den kalles Jesu Ånd, og beskrives også som "det Faderen har lovet".

Den Hellige Ånd skaper felleskap og kjærlighet, men da ene og alene når det er bygd på det skrevne Guds Ords fundament, Bibelen. Mange sier de har felleskap med Jesus og hverandre i ånden, men de sier ikke mer enn det. Da er det store spørsmålet? Hvilken Jesus er det her snakk om? Hvilken ånd er det her snakk om?
Skal vi ha noe som helst felleskap som kristne, så er det med Jesus Kristus, Gud Jehovas levende Sønn, bygd på det solide skrevne Guds Ord, Bibelen. Da vil vi få ett åndelig felleskap i den Hellige Ånd. Uten dette fundamentet bevisst

og klart, kommer demonene og gir deg felleskap i ånden, men med demoniske ånder. Satan kopierer og manipulerer så godt han kan. **William Arthur** sier: "I samme grad som man overser den Hellige Ånds kraft og stoler på andre midler som erstatning, forminskes virkningene av kristendommens sanne kraft."

Jødenes og hedningenes separate pinse-opplevelser for første gang

Barrierene mellom jøder og hedninger ble brutt ned. Den Hellige Ånds liv og kraft var også for hedningene. Vekkelsen blant hedningene startet ved Peters åpenbaring og hans besøk i offiser Cornelius hus i Cæcarea, hvor den Hellige Ånd falt på forsamlingen, på samme måte som apostlene opplevde det i Jerusalem. Det var gjennom døperen Johannes at løftet var en naturlig del, at dåpen med den Hellige Ånd og ild første gang ble omtalt.

Kristendommens første dager

I kristendommens første dager manifesterte nådegavene seg i et slikt omfang, at den Hellige Ånds overnaturlige innslag var helt naturlig! Manifestasjonene var i overensstemmelse med Jesu løfte: "Disse tegn skal følge den som tror, i Mitt Navn skal de drive ut onde ånder, de skal tale med nye tunger, de skal ta slanger i hendene. Og drikker de noe giftig, skal det ikke skade dem. På de syke skal de legge sine hender og de skal bli helbredet." Ingenting kunne hindre kristendommens fremgang, ikke en gang jødenes hat-forsøk på å stoppe den. Den hedenske religiøse agitering eller den romerske keisers nådeløse forfølgelse, fikk heller ikke stoppet den. Kristendommen for fremover som ild i tørt gress.

Paulus halshugget og Peter korsfestet

Under Neros kristendoms-forfølgelse ble Paulus halshugget og Peter korsfestet (med hodet ned), i Rom. Kristne i massevis ble arrestert og anklaget for forbrytelser de aldri hadde gjort.

Dåpen i den Hellige Ånds viktighet

I sin bok "Ur-kristen Kraftkilde" skriver Lewi Pethrus: "Når man leser fremstillingen i Apostlenes gjerninger av den første kristne menighets felleskaps-liv og virksomhet, finner man at den Hellige Ånds dåp var en av de sentrale kilder, hvor menigheten (fellesskapet) øste av den overveldende kraft, som var så karakteristisk og spilte en avgjørende rolle for kristendommens første dager."

Den Hellige Ånd var de kristnes eneste makt

I "Utsyn" skriver Anders Nørgaard: "Den Hellige Ånd spilte en avgjørende rolle i den første menighets kristenliv. Den Hellige Ånd var de kristnes eneste makt. De eide ingen annen styrke av noen art. Men de kunne heller ikke bli svake på noen annen måte, enn at den Hellige Ånd forlot dem. De hadde ingen annen rikdom i verden, men de kunne heller ikke bli fattige på annen måte, enn hvis den Hellige Ånd forlot dem."

Ikke lammet av organisasjons-makt, kontroll eller manipulasjon

De første kristne var ikke lammet av institusjoner eller sperret av organisasjoner. De lot seg hovedsakelig bli ledet av den Hellige Ånd. Gjennom den Hellige Ånd ble menighetene/fellesskapene belært og oppbygget. Kommende ting ble forutsagt.

Den Hellige Ånd forsvant ikke med apostlene

I sin kirkehistorie, skrive professor Fredrik Nielsen: "De største personligheter i oldkirken, kan vitne om at nådegavene forble i menighetene, fellesskapene.
De forsvant ikke med apostlene."

200 000 kristne 100 år etter Kristi fødsel

Det anslås at rundt 100 år etter Kristi fødsel, fantes omkring 200 000 kristne.

Slappheten kom inn i det dynamiske ur-kristne liv

Det er et faktum, at etter som Jesu apostler døde, oppsto en slapphet i det dynamiske ur-kristne liv. Verdsligheten trengte seg inn i menighetene. Forventningen om Jesu snare tilbakekomst avtok. Læren om Jesu forsoning og rettferdiggjørelse ved tro, gled i bakgrunnen. Det ble erstattet av moralisme og legalisme. Allerede mens apostelen Johannes levde, begynte menighetenes (fellesskapenes) ledere, i stedet for å beholde den ydmyke tjenerinnstillingen, å begjære makt. Filosofiske ideer trengte seg på.

Forkynnelsen om korset lot seg sjeldnere høre.

Det fikk en meget beskjeden plass i etter-apostolisk litteratur.

Selv om nådegavene og livet i den Hellige Ånds kraft i store deler av kristenheten avtok, beretter den etter-apostoliske litteratur enda om hyppige manifestasjoner av nådegavene. Det fantes Ånds-fylte kristne, som søkte til de ur-kristne idealer og kraftkilder. Det er dette som har brakt **"Kristi flamme"** videre! La oss ikke slukke den ved å sette oss selv i ledersetet.

Pinsedagens ildtunger

I sin bok "Pinsedagens Ildtunger" skriver William Arthur: "De troende var ikke bare tilhengere, men levende, talende, innvidde

redskaper i de store vekkelser for den universelle spredning av Guds evangelium."
Jeg håper dere er klare for å gå videre i boken.

Kapittel 2
Gud er Ånd

Det står det skrevet: ”Gud er Ånd, og de som tilber Ham, bør tilbe Ham i Ånd og sannhet.” (Joh 4,24)

Hvis vi leser igjennom de skrifter som tilhører alle verdens religioner, så er det en ting vi kan se er likt i dem alle. Det er at det ikke er en bevissthet i hva slags konsistens deres gud er av, eller om det er en gud i deres religion.
Kali, som er den fire-armede gudinnen til hinduene (som krever menneske-offer), kan jeg ikke se er en åndelig bevissthets værelse av en gud, som har skrifter som leder folket til en personlig kommunikasjon med denne gud.
Det samme gjelder sikene, deres religion er omtrent helt lik hinduenes religion, og stammer fra den.

Guds begrep og mening
Koranen snakker om gudsbegrepet Allah, det er deres opphøyde Allah. Allah er for øvrig et arabisk ord, som betyr gudene. Jeg spurte en muslim om hvem som var hans Allah/gud. Jeg forklarte at de kristnes Gud er Jehova, som betyr “den selveksisterende som åpenbarer Seg”. Videre sa jeg at ordet “gud” kun er en tittel for

en opphøydhet. Så hvem er deres Allah spurte jeg. Da svarte han: "Hver muslim må finne sin Allah". Jeg svarte ham ikke på det, men forsto mye mer av hans tro. Det er ingen veiledning til kontakt med muslimenes gud i Koranen.

Når det gjelder Buddha, så utga han seg aldri for å være noen gud, men derimot skrev han en bok med leveregler for livet. Men mennesker har gjort ham til en gud, en upersonlig sådan. Buddhister verden over tilber forskjellige typer gjenstander. På Sri Lanka under en møtekampanje jeg hadde, forsto jeg at de tilba kobraslangen. Så her er det heller ikke noe personlig forhold til noen gud.

Karl Marx "kommunistiske manifest" ble en livsfilosofi og teori for millioner. Gud ville han derimot ikke ha noe med å gjøre, men støttet seg til mange filosofer.

Filosofer har det vært mange av
Newton bannlyste Gud fra naturen, Darwin bannlyste Gud fra livet og Freud bannlyste Gud fra sjelen! Hva jeg har sett av religioners, filosofers lære og politiske manifest, er at ingen har noe som helst bevisst undervisning om hvordan få et **personlig forhold** til Gud.
Alle typer filosofier, ideer, religioner og politikk har, som jeg kan se det, en ting felles: Der finns ingen guds-bevissthet eller lære om muligheten

til et forhold og liv i sammen med Gud. Derimot er det en guds-fornektelse blant mange av dem, men ikke alle.

Jeg er så takknemlig at jeg som en troende av Jesus Kristus, kan leve et liv med en levende Gud Jehova, Hans Sønn Jesus Kristus og veilederen den Hellige Ånd. Dette har gitt meg muligheten til å leve selve livet - for evig, og det lever jeg allerede nå.

Guds Ånds aktivitet før Jordens (Tellus) skapelse

Vitenskapen har gjennom de sterkeste ”stjerne-kikkerter” klart å se utover det universet vi er en del av, at det finnes ytterligere 6 universer i ulike størrelser. De fleste større enn det universet vi er en del av. Det universet vi er en del av har milliarder av galakser, hver galakse har milliarder av stjerner (som alle himmellegemer i en galakse blir kalt).
For å komme frem fysisk til den nærmeste stjernen vi ser om natten, må vi kjøre med en rakett som har en hastighet av 30 000 km/timen - i 50 000 år! Så vi ser at det er størrelser utenfor vår forståelse.

Gud Jehova som betyr den “selveksisterende som åpenbarer Seg”, har skapt alt dette. Ja mer, som vi ikke har ”oppdaget” ennå. Når vi forstår disse størrelsesordenener og voldsomme skaperverk utenfor planeten Jorden, som er den femte minste planeten i vår galakse, så forstår vi at mer må til enn noen stakkarslige filosofers teorier og religioner.

Det er den Hellige Ånd som har skapt alt som er der ute i det som jeg har valgt å kalle **makrouniversene.** Der har Gud gjort og gjør Sine største og grunnleggende **arbeider.**
"I begynnelsen skapte Gud himmelen og jorden." (1 Mosebok 1, 1-2) Og jorden var øde og tom, og det var mørke over de store dyp, og Guds Ånd svevde over vannene." Det er fantastisk å kunne forstå noe av perspektivene i størrelser og tid. Når begynnelsen, og alt utenom planeten Jorden (Tellus) ble skapt.

Så til vår lille grønne planet. Den var en uferdig, uplanert planet, men klar til å videreutvikles. Det er interessant å se i vers 7**:** "Og Gud gjorde hvelvingen og skilte vannet som er under hvelvingen, fra vannet som er over hvelvingen, Og det ble slik". "Da steg det opp en damp av jorden og vannet hele jordens overflate."(1 Mos 2,6)

Som da vitenskapen har forstått, så har det vært vann rundt planeten vår i området der vær-atmosfæren slutter, ca. 65 km (utover, retning stjernene). Det har vi forstått på grunnlag av reisene med raketter til andre planeter, at det er

et atmosfærens tak. Innenfor der, på vår planet, er vår eksistens.
"Ved Hans Ånde blir himmelen klar." (Job 26, 13)
"Du sender din Ånd ut, de skapes, og du gjør jordens skikkelse ny igjen." (Salme 104, 30)

Det er et fantastisk skaperverk det hele. Den Hellige Ånd beveger Seg i hele Guds makro skaperverk. Dette er mulig nye tanker for mange. Men tanker verdt å få med seg, som virkelig viser mer av vår store Guds personlighet. Tenk deg hvor dåraktig det er av mennesker, som er en Guds skapning, å innbille seg at ting har kommet i stand av seg selv.
Vi trenger ikke filosofer og religioner. Vi har Gud Jehova, Hans Sønn Jesus Kristus, vår Frelser - og hjelperen den Hellige Ånd. Det er jo helt fantastisk.

Kapittel 3
Ånden som går

"Alt har Han gjort skjønt i Sin tid, også **evigheten** har Han lagt i deres hjerter, men slik at mennesket ikke til fulle kan forstå det verk Gud har gjort, fra begynnelsen til enden."(Forkynneren 3,11)

Dette er et fantastisk vers, som igjen viser oss Guds suverenitet. Nå har vi kommet ned i den åndelige verden, som er i himmelrommet over oss. Om det kun er innenfor vår atmosfæres tak (65 km utover), eller om det går videre i universene, vet jeg ikke.

Åndelig - hva er det?
Det tror jeg ikke en gang de som sier de er åndelige, vet. Selv mange kristne har ingen forståelse av hva det er. Jeg har hørt kristne i samtale med ikke-kristne personer, der den kristne spør: "Er du en kristen?" Svaret de har fått, har ofte vært: "Jeg er åndelig."
Den kristne har i mange tilfeller trodd at vedkommende var en kristen, i stedet for å komme med et oppfølgingsspørsmål. **Vi er alle åndelige, men saken er hva slags åndelighet har du?**

Er du en "født-på-ny-troende" på Jesus Kristus Guds levende Sønn, eller du en såkalt ateist, hvor en åndelig virkelighet ligger bak. Her ligger Satans ånd bak med sine manipulative tanker. **Da er du åndelig i den retning du har beveget deg.** Holder du på med ting innen New Age, filosofiske teorier, forskjellige typer religioner, forskjellige politiske aktiviteter, djeveltilbedelse og heksedoktor-kunster? Ja, **alt vi holder på med har en åndelig føring som vi har godtatt,** enten vi erkjenner det eller ikke. Vi er alle åndelige, spørsmålet er bare **hva slags åndelighet** er det vi snakker om? I alle aspekter av åndelighet, kan vi bli mektig fanget inn.

Det er kun en type åndelighet vi er skapt til å leve i felleskap med

Vi er "designet" for å leve i felleskap med vår Skaper, Hans Sønn Jesus Kristus og veilederen den Hellige Ånd. I det Gamle Testamentet ser vi hvordan Guds Ånd arbeidet igjennom sine tjenere, da folket søkte andre guder, ja, en annen åndelighet. Det er jo bare en av to, enten Satans ånd eller Guds Ånd. Når de tilba avguder, så var det de onde ånder de tilba - mer eller mindre bevisst.

I 1 Kongebok kan vi lese om profeten Elias sitt oppgjør med Baals-profetene. Her kom Guds Hellige Ånd ned og grep inn og førte saken gjennom til seier. Folket falt igjen på sitt ansikt og tilba Herren Gud, Jehova.(1 Kongebok 18, 21-39) Les gjerne hele avsnittet som er en mektig Guds makt demonstrasjon i det Gamle Testamentet. Dette var da lenge før Jesu Kristi forsoningsverk på Golgata. Her var den Hellige Ånds kraft over profetene.

Først så vi den Hellige Ånds kraft i Kosmos, der ute blant universene og galaksene, så innenfor atmosfæren, i planeten Jordens (Tellus) atmosfære. Videre så vi den var over profetene og gjorde makt-demonstrasjoner. **Dette kaller jeg for den Hellige Ånds første skaperverk.**

Jesus Guds Sønn kommer til Jorden
Senere i historien ser vi at Jesus Kristus, Guds levende Sønn kommer til jorden. Han lever et liv uten å synde. I en alder av 33 år gir Han Sitt liv for menneskehetens synd - og beseirer Satan for all evighet på korset.
"Da Jesu disipler, Jakob og Johannes, så det, sa de: Herre vil du vi skal by ild fare ned fra himmelen og fortære dem, likesom Elias gjorde? Men Han snudde Seg rundt, talte strengt til dem og sa: Dere vet ikke av hva ånd dere er." (Lukas 9,54-55)

Nå var vi kommet til det punktet i historien hvor Satan skulle beseires en gang for alltid, og himmelens porter igjen skulle åpnes for

menneskeheten, gjennom Jesu Kristi forsoningsverk. Etter Jesu Kristi fullbrakte verk på Golgata (Joh 19,28-30), skjedde det siste avgjørende for menneskeheten. Det var en ny ordre som trådte i kraft.
"Jesus sa: Jeg sier dere: Elsk deres fiender, velsigne de som forbanner dere, gjør vel imot de som hater dere og be for de som forfølger dere." (Matt 5,44)

Her ser vi at en helt ny klasse er på vei inn - kjærlighetsklassen

Kapittel 4
Tidens fylde

Nå var tiden inne for oppfyllelsen av det som profeten profeterte om i Joel og som igjen blir referert til av Peter i hans tale. Vi leser:
"Og deretter skal det skje, at Jeg vil utøse av Min Ånd over alt kjøtt, og deres sønner og døtre skal tale profetiske ord, deres oldinger skal ha drømmer, og deres unge menn skal se syner." (Apg 6,21 2,1. Les de følgende vers også).

Manifestasjon av den Hellige Åndens kraft
Denne fantastiske begivenheten hendte 50 dager etter Jesu Kristi forsoningsdød og evige seier over alt Satans velde.

Men nå skal vi ta et langt skritt frem i historien: Azuza Street, Los Angeles
Det lange steget frem i historien fører oss helt til 1906, til hendelsen i Azuza Street i Los Angeles, i en liten låve med plass til 30 mennesker.

Det startet egentlig opp noe tidligere, på en bibelskole i Kansas City, der **pastor Parham** (Kansas City) skulle ha en uke med undervisning om den Hellige Ånd. Der var også en student ved navn **William Seymore** til stede. Han var av afrikansk avstamming, så han var mørk i huden. Derfor måtte han sitte alene i et eget rom under undervisningen!

Ånden falt

Da Parham begynte med undervisningen, skjedde underet. Alle studentene ble døpt i den Hellige Ånd med tunger til tegn. Dette skjedde også med afro-amerikaneren William Seymore som satt på eget rom. Etter denne hendelsen, reiste William Seymore til Los Angels, leide denne omtalte låven og startet møter der. Her strømmet mennesker på, ble født på ny og døpt i den Hellige Ånd, med tunger som tegn. Det som ble et tegn på denne vekkelsen, var:

Sønderknuselsen og tårene

Ja, sønderknuselsen og tårene preget vekkelsen. Mennesker som var syke kom og ble helbredet og mange ble døpt i den Hellige Ånd og ild. Her hadde en sterk utøsing av den Hellige Ånd startet opp. (Jeg sier litt mer om denne hendelsen senere i boken).

Hør hva Jesus sier om pinsefestens dag og om denne utgytelse som nå skjedde:
"Jesus sa: Den som tror på Meg, av hans liv skal det renne strømmer av levende vann. Dette sa Han om den Ånd som de skulle få som trodde på Ham, for Ånden var ennå ikke kommet, fordi Jesus ennå ikke var herliggjort."(Joh 7,38.39)
Videre sier Peter om denne hendelsen:

"Denne Jesus oppreiste Gud, som vi alle er vitner om. Etter at Han nå er opphøyet ved Guds høyre hånd og av Sin Far har fått den Hellige Ånd som var lovet, så utøste Han dette som dere både ser og hører."(Apg 2,32-33)

Her var det nå kommet til vår tid i historien. Det ble tatt imot en Hellig Ånd, som allerede var utøst over alt kjøtt for nesten 2000 år siden. Endelig har Herren fått komme til med Sin Hellige Ånd i moderne tid! Dette skjedde med Golgata verket og med Jesu lære som bakgrunn. "Jesu sa: "Men når Han, sannhetens Ånd kommer, skal Han veilede dere til hele sannheten. For Han skal ikke tale av Seg selv, men det som Han hører, skal Han tale, og de kommende ting skal Han forkynne dere.
Han skal herliggjøre Meg, for Han skal ta av Mitt og forkynne dere."(Joh 16,13.14)

Kristi seier, resultatene og effekten av det skulle proklameres

"Jesus sa: Men talsmannen den Hellige Ånd, som Faderen skal sende i Mitt navn, Han skal lære dere alle ting og minne dere om alle ting som Jeg har sagt dere."(Joh 14,26)
Videre i 15,7: "Dersom dere blir i Meg, og Mine Ord blir i dere, da be om hva dere vil, og dere skal få det." **Her ser vi at det legges opp til en helt ny dagsorden etter Jesu Kristi forsoning - og den er her nå.**

Kapittel 5 Klargjøring for å motta kraften 1

Nå går vi inn i det som jeg har valgt å kalle den Hellige Ånds arbeid på planeten Jorden (Tellus). Det første som her skjer, er at vi av et helt hjerte overgir våre liv til Kristus Jesus. I henhold til: "For dersom du **med din munn bekjenner** at Jesus er Herre, og **i ditt hjerte tror** at Gud oppvakte ham ifra de døde, da skal du bli frelst." (Rom 10,9)

Nr.1
Det første som må gjøres, er å overlate styring av våre liv til Jesus, la Han bli den som leder våre liv. Vi må la Han bli den som er Herre i våre liv. Dette er første forutsetning for å bli frelst.

Nr.2
Videre må du tro med ditt indre menneske, med ditt hjerte, at Gud oppvakte Kristus Jesus ifra de døde. Uten oppstandelsen er det ingen frelse. Så dette må du tro - hvis ikke er der ingen frelse.

Nr.3
Ordet "frelst fra" på engelsk heter "saved", det betyr **å bli reddet.** Det er det som her skjer. Men det greske ordet "zozo", betyr **"en redning**

for hele menneskets eksistens på alle nivåer". Det som skjer i denne rednings aksjon er: "Paulus sier: Derfor, dersom noen **er i Kristus** og **har Jesus som Herre,** da er Han en ny skapning, det gamle er borte, se alt har blitt nytt." (2 Kor 5,17)

Vi har blitt en ny skapning i Kristus Jesus. Nå er vi klare for felleskap med Gud. Nå har vi blitt født på ny, født med en ny skapelse, ikke lenger den gamle med arvesynden etter Adam og Eva. Nå har vi fått innseglet den Hellige Ånd, Han som er pantet på vår arv. Forløsningen i Kristus Jesus, på grunn av Hans verk på korset på Golgata. (Ef 1,13.14)

Omvendelsen

I prosessen med å gi herredømmet over deg selv til Kristus Jesus, omvender vi oss fra vårt tidligere syndefulle liv, omvender oss fra de ting som ikke er verdige, eller er brukbare i det nye livet med Kristus Jesus. (Apg 11,21) Vi snur ryggen til det gamle livet. Nå skal vi gjøre Guds vilje med vårt liv.
Bibelen sier så fint: "Ta tak i et annet sinn, Guds type sinn, enn det tidligere synd - påvirkede sinn og vend om. Slik at dine synder kan bli slettet ut, så husvalelsens/anledningens tid kan komme fra Herren." (Apg 3,19)

"Skikk dere ikke lik med denne verden, men bli forvandlet ved fornyelsen av deres sinn." (Rom 12,2)

Indre renselses-prosess
Paulus sier: "Men jeg sier dere, vandre i Ånden (adlyd det skrevne Guds Ord), så skal dere ikke fullføre/gjøre, kjøttets gjerninger, (det vi registrerer av negative syndefulle ting gjennom våre sanser)." (Gal 5,16. Les videre til vers 22.)

Det å starte vandringen med Jesus som Herre, betyr en total forvandlig av vårt tidligere liv til det virkelige bedre. Det er en fantastisk vandring. "Den som holder seg til Herren, er en Ånd med Ham." (1 Kor 6,17)
Vi er åndelige skapninger i det usynlige. Der er vi en Ånd med Gud. Det er så fantastisk, at det kan sprenge en hver menneskelig forestilling. "Vi er døde for synden - levende for Gud. " (Rom 6,9-11) Snakk om at livet har blitt nytt!

Den evige pakts blod – Jesu Kristi dyre blod
"Men fredens Gud, som i kraft av en evig pakts blod, førte fårenes store hyrde, vår Herre Jesus, opp fra de døde." (Heb 13, 20)
Den evige pakts blod, det var og er Jesu Kristi dyre blod, som ble brakt hellig og rent tilbake til Gud i himmelen, etter å ha vært forsøkt gjort syndefullt på jorden, ved Djevelens fristelser og angrep - uten resultat! Dette blod, hellig og rent, var verdig betaling for menneskehetens synder -

og akseptert av Gud i himmelen som fullverdig sonoffer. ”I hvem, i Kristus, har vi forløsningen ved Hans blod, syndenes forlatelse etter Hans nådes rikdom.”(Ef 4,1)

Kapittel 6 Klargjøring for å motta kraften 2

"Jesus åndet på dem, disiplene, og sa: Ta imot den Hellige Ånd." (Joh 20, 20-22)
Videre sier Bibelen:
"Men dere skal få kraft i det den Hellige Ånd kommer over dere, og dere skal være Mine vitner (gresk: bevisprodusenter, martyrer)." (Apg 1,8)
"Og da pinsefestens dag var kommet, var de alle samlet på samme sted. Og med ett kom det en lyd fra himmelen som av et veldig vær og fylte hele huset der de satt. Og det viste seg for dem tunger likesom av ild, som skilte seg og satte seg på enhver av dem. Da ble de alle fylt med den Hellige Ånd, og de begynte å tale med andre tunger, alt etter som Ånden ga dem å tale."(Apg 2,1-4)

Jeg har et spørsmål her – når ble disiplene født på ny? Det har ikke den største betydning, men fint for oss troende på Kristus Jesus å ha en viss oversikt over viktige ting i Bibelen. Og da er også dette et av dem. Hør hva Peter sier:
"Og Gud, som kjenner hjertene, ga dem vitnesbyrd, idet Han ga dem likesom oss den Hellige Ånd. Og Han gjorde ingen forskjell

mellom oss og dem, idet Han ved troen renset deres hjerter." (Apg 15,8-9)
Her ser vi at når troen og hjertene er rett innstilt, så er døren til frelsen åpen og likeledes døren til den Hellige Ånd.

Jesus sier: "Ild er Jeg kommet for å kaste på jorden, å hvor gjerne Jeg ville at den alt var tent. Men en dåp har Jeg å døpes med, å hvor Jeg gruer til den er fullendt."(Luk 13,49.50)
Her ser vi klart i det lyset vi har i dag, som disiplene ikke hadde, nettopp at Jesus med gru så frem til å være sonings-offeret på Golgata, som Han visste Han måtte gjøre for verdens frelse. Og som Han frivillig ville gjøre i kjærlighet til oss. Han ønsket at det var overstått, slik at den Hellige Ånd og ild kunne få bli en virkelighet i de troendes hjerter og liv.

Her, etter Sin oppstandelse, hvor Han kommer til Sine disipler, sier Han:
"Han sa da igjen til dem: Fred være med dere. Likesom Faderen har utsendt Meg, sender også Jeg dere. Og da Han hadde sagt dette, åndet Han på dem og sa til dem: Ta imot den Hellige Ånd." (Joh 20,21-22)

En konstruktiv uenighet – uten viktighet
Rundt denne saken har det vært en del snakk grunnet konstruktiv interesse. Noen tror at her ble disiplene født på ny, andre mener de mottok "meget av den Hellige Ånd", igjen andre at et

større åpenbaringslys ble gitt. Dette er ingen hovedsak, det viktige her er **at** det skjedde - og det gjorde det. Jeg synes allikevel det kan være av interesse å ta med et par synspunkter rundt saken. Det jeg ser her, er Guds fleksibilitet, storhet og nidkjærhet til å få gjøre Sitt verk gjennom slike som deg og meg.

Fra Martin Ski sin bok om T.B. Barratt "Døpt i Ånd og Ild"(side 252) skrives det: "Etter hva Skriften meddeler i Joh 20,19-23 har vi kommet til denne slutning: Disiplene mottok meget av den Hellige Ånd før pinsedagen i Jerusalem, de var Guds barn, men de var ikke døpt i den Hellige Ånd og ild."(Jeg kommer tilbake til T.B. Barratt senere i boken).

E.V. Kenyon skriver ut ifra skriftstedet Joh 20, 19-23 i sin bok "From the Cross to the Throne" (side 76): "Dette var ikke å ta imot evig liv, dette var bare enkelt å ta imot en inspirasjon til å forstå hva han underviste." Jeg vil du klart skal forstå at inntil dette tidspunkt hadde ingen blitt født på ny. De hadde sammenlignet seg med Jesus, de hadde sett miraklene, men de forsto ikke de åndelige ting - før de mottok den Hellige Ånd.

De ba heller ikke om utgytelsen av den Hellige Ånd eller kraften, de forsto ikke hva det betydde. Jesus fortalte ikke disiplene noe om hva som skulle skje på Øvresalen så langt som vi kan se. Heller ikke forklarte Han dem noe om deres eventuelle forberedelser for dette. Han forlangte ingenting, bare at de skulle vente på Øvresalen.

Kapittel 7
Fem tilfeller av dåpen i den Hellige Ånd i det Nye Testamentet

Åndsutgytelsen på pinsefestens dag
Alle tilfeller vi finner av dåpen i den Hellige Ånd og ild, finner vi i Apostlenes gjerninger. Den første Åndsutgytelsen fant sted på pinsefestens dag i Jerusalem.
"Og med ett kom det en lyd fra himmelen som av et veldig vær og fylte hele huset der de satt. Og det viste seg for dem tunger likesom av ild, som skilte seg og satte seg på enhver av dem. Da ble de alle fylt med den Hellige Ånd og de begynte å tale med andre tunger, alt etter som Ånden ga dem å tale."(Apg 2,2-4)

Her ser vi den Hellige Ånds komme til planeten Jorden, for å ta bolig i mennesker som er troende på Jesus Kristus, Guds levende Sønn. Dette er en begivenhet som er for evig den største i historien. Her kom den Hellige Ånds kraft, og de fikk tungene som et nytt språk. Dette er talsmannen fra Gud på grunnlag av Jesu Kristi forsoningsverk for menneskeheten.
Nå var den Hellige Ånd tilgjengelig på planeten Jorden (Tellus). Ånden var nå utøst over hele vår jord. En dåp i den Hellige Ånd kan tas imot

av alle Kristus troende. Og den kan brukes av alle Kristus troende i Jesu Navn, slik Bibelen instruerer oss. Hvilken seier, hvilken frihet, hvilken storhet, hvilken nåde gitt til oss.

En Åndens utgytelse igjen

Når vi leser videre i Apostlenes gjerninger, ser vi igjen at det skjer en Åndens utgytelse:
"Og da de hadde bedt, skalv stedet hvor de var samlet, og **de ble alle fylt med den Hellige Ånd**, og de talte Guds Ord med frimodighet. Og med stor kraft bar apostlene frem vitnesbyrdet (gresk: martyr, bevisene om Kristi oppstandelse) om den Herre Jesu oppstandelse, og det var stor nåde over dem alle."(Apg 4,31.33)

Her ser vi klart den Hellige Ånds utgytelse igjen, da etter pinsedagen. Denne hendelsen omtales av mange i historien, og i vår moderne tid. En opplevelse av en ny fylde, etter en tidligere opplevelse i livet av en dåp i den Hellige Ånd. Den første Åndsutgytelsen var på pinsefestens dag i Jerusalem. De som her var til stede ved den andre opplevelsen av Åndens utgytelse, antar vi var med på pinsefestens dag også. Her står det ingenting om at de tok imot tungene. Vi går videre til neste:

Åndsutgytelsen i Samaria
Igjen finner vi i Apostlenes gjerninger en Åndens utgytelse, denne gangen i Samaria. "Filip kom da ned til en by i Samaria og forkynte Kristus for dem. Og folket ga oppriktig akt på det som ble sagt av Filip, idet de hørte og så de tegn han gjorde. For det var mange som hadde urene ånder, og de for ut av dem med høye skrik, og mange giktsyke og vanføre ble helbredet." (Apg 8,5-7)

Vi leser videre fra 14-17: "Da nå apostlene i Jerusalem fikk høre at Samaria hadde tatt imot Guds Ord, sendte de Peter og Johannes til dem. Disse kom ned og ba for dem, for at de skulle få den Hellige Ånd. For Ånden var ennå ikke falt på noen av dem, de var bare døpt til den Herre Jesu Navn. De la sine hender på dem, og de fikk den Hellige Ånd."
Her står det ingenting om at de fikk tungene samtidig.

Paulus Åndsdåp
Nå skal vi se da Paulus ble døpt i den Hellige Ånd og ild: "Så gikk Ananias av sted og kom inn i huset og la hendene på ham og sa: Saul bror, Herren har sendt meg. Jesus, Han som åpenbarte Seg for deg på veien hvor du kom, for at du skulle få ditt syn igjen og bli fylt med den Hellige Ånd.
Og straks falt det liksom et skjell fra hans øyne, og han fikk sitt syn igjen, og han sto opp og ble

døpt. Han tok føde til seg og ble styrket. Han ble da noen dager hos disiplene i Damaskus. Og straks forkynte han Jesus i synagogene, at Han er Guds Sønn." (Apg 9,17-20)

Her står det heller ingenting nevnt at han mottok tungene. Vi går videre i Apostlenes gjerninger og leser om Åndsutgytelsen i Cesarea.

Åndsutgytelsen i Cesarea

Her leser vi: "Mens Peter ennå talte disse ord, falt den Hellige Ånd på alle dem som hørte Ordet. Og alle de troende av omskjærelsen som var kommet med Peter, ble forferdet over at den Hellige Ånds gave var blitt utøst over hedningene. For de hørte dem tale med tunger og lovprise Gud. Da svarte Peter: Mon noen kan nekte dem vannet, så de ikke skulle bli døpt, de som har fått den Hellige Ånd likesom vi?" (Apg10, 44-48)

Hedningene tar imot evangeliet for første gang og blir døpt i den Hellige Ånd med tunger

Dette er helt fantastisk, ikke bare tar hedningene imot evangeliet, men de blir døpt i den Hellige Ånd og ild, og mottar tungetalen samtidig. Dette da for første gang. Vi må også ta med den siste opplevelsen av de som blir døpt i den Hellige Ånd og ild i Apostlenes gjerninger.

"Da sa Paulus: Johannes, han døpte med omvendelses dåp, idet han sa til folket at de skulle tro på den som kom etter ham, det er på Jesus. Da de hørte dette, lot de seg døpe til den Herre Jesu Navn. Og da Paulus la hendene på dem, kom den Hellige Ånd over dem, og de talte med tunger og profetiske ord." (Apg 19,4-6)

Her ser vi igjen at de ble døpt i den Hellige Ånd med tunger. Men nådegaver kom også inn i bildet, de talte også profetiske ord.

3 steder ser vi at tungetalen omtales
Tungemålet kom som en plutselig ytring, ikke nødvendigvis et helt språk, det kom kanskje etter hvert. Det vet vi ikke. Men tungemålsgave kom, og drev dem til lovprisning/tilbedelse, ut ifra deres forutsetninger som nyfrelste og Åndens innskytelser. Det ble jo også avgitt profetisk budskap. Det er helt fantastisk å se hvor sterkt den Hellige Ånd arbeider.

2 steder nevnes ikke tungemålsgaven
Det er ved Paulus Åndsdåp og ved Ånds-utgytelsen i Samaria. Paulus sier: «Jeg takker Gud. Jeg taler mer i tunger enn dere alle».(1 Kor 14,18) Vi ser at tungene også kom på et tidspunkt litt senere. Men dåpen i den Hellige Ånd og ild mottok de, som tidligere nevnt.
Vi ser at den Hellige Ånds dåp med kraft, ild **og tunger** skjedde til litt forskjellige tidspunkt etter

at de mottok Ånden. Det er dette som ble profetert av Joel, som igjen er referert av Peter:

"Og det skal skje i de siste dager, sier Gud, da vil jeg utøse av Min Ånd over alt kjøtt, og deres sønner og døtre skal tale profetiske ord, og deres unge menn skal se syner, og deres oldinger ha drømmer. Ja, også over Mine treller og over Mine trellkvinner vil Jeg i de dager utøse av Min Ånd, og de skal tale profetiske ord. Og Jeg vil la under skje på himmelen og i det høye, og tegn på jorden i det lave: Blod, ild og røykskyer. Solen skal bli til mørke og månen til blod, før Herrens dag kommer, den store og herlige.
Og det skal skje: Hver den som påkaller Herrens Navn, han skal bli frelst." (Apg2,17-21)

Kraften

Det er interessant å se at opplevelsene er forskjellig. Det kan de da også være i dag. Men det som nevnes spesielt angående dåpen i den Hellige Ånd, er kraften - kraften gjennom oss til de som er rundt oss. Kraften som gjør alle undergjerningene Kristus sa vi kunne gjøre, i Hans Navn, i Jesu Navn. (Apg1,8)

Kapittel 8
Ånds-dåp eller ild-dåp?

"Døperen Johannes sa: Han som kommer etter meg, skal døpe dere med den Hellige Ånd og ild." Videre står det: "Jesus sa: Johannes døpte vel med vann, men dere skal døpes med den Hellige Ånd ikke mange dager her etter." Jesus sa videre: "Men dere skal få kraft i det den Hellige Ånd kommer over dere, og dere skal være Mine vitner (gresk: martyr, en som legger frem håndfaste bevis på at det han sier er sant)."(Matt 3,11 Apg 1,5.8)
"Da ble de alle fylt med den Hellige Ånd og de begynte å tale med andre tunger alt etter som Ånden ga dem å tale." (2,4)

Som tidligere nevnt, er der forskjellige uttrykksmåter av samme opplevelse.
Jesus kom for å tenne Åndens ild i oss, en kraftens Ånd tent i ild. "Jesus sa: Ild er Jeg kommet for å kaste på jorden, hvor gjerne Jeg ville at den alt var tent." (Luk 12,49)

Vi ser igjen hva døperen Johannes sa:
"Jeg døper dere med vann, men den som kommer, som er sterkere enn jeg, Han hvis skoreim jeg ikke er verdig til å løse. Han skal døpe dere med den Hellige Ånd og ild." (Joh 1,33) Videre: "Jesus kom ned til elven Jordan,

da sier døperen Johannes: Den du ser Ånden komme ned og blir over, Han er den som døper med den Hellige Ånd."

Jeg gjentar, så vi får det på plass:
"For Johannes døpte vel med vann, men dere skal døpes med den Hellige Ånd, ikke mange dager heretter."

Uttrykket "ild" i betyr i denne sammenheng fra gresk: Åndens syndsfortærende, rensende, varmende, glødende, velgjørende og innflytelse. **Får man Åndens fulle kraft som på pinsedag, er også ilden der. Da er man Ånds-døpt, kraft-døpt og ild-døpt.**

Kapittel 9
Den første nye skapning – Det første nye livet

"Men da Kristus kom som yppersteprest, ikke med blod av bukker og kalver, men med Sitt eget blod, en gang inn i helligdommen og fant en evig forløsning." (Heb 9,11-12)

Seierens evige grensesprengende faktum
Jesu Kristi seier beviste seg ved Jesu utånding på korset, der Han ropte ut: "Det er fullbrakt!" Da brakte Han Sitt eget blod, uberørt av menneskets synder, inn i Guds helligdom og vant en evig forløsning.
Før dette som beseglet menneskehetens seier over Djevelen for evig, var et annet bevis like sterkt: Det som beseglet den evige seier mer enn noe: Jesu oppstandelse fra de døde!

Vi leser: "Disiplene gikk da hjem igjen. Men Maria stod utenfor ved graven og gråt. Som hun nå gråt, bøyde hun seg og så inn i graven, og hun fikk se to engler sitte i hvite klær, en ved hodet og en ved føttene, der hvor Jesu legeme hadde ligget.
Og de sier til henne: Kvinne, hvorfor gråter du? Hun sier til dem: De har tatt min Herre bort, og jeg vet ikke hvor de har lagt Ham.

Da hun hadde sagt dette, vendte hun seg om og så Jesus stå der, og hun visste ikke at det var Jesus. Jesus sier til henne: Kvinne, hvorfor gråter du? Hvem leter du etter? Hun trodde at det var gartneren, og sa til Ham: Herre! Dersom du har båret Ham bort, da si meg hvor du har lagt Ham, så vil jeg ta Ham!
Jesus sier til henne: Maria! Da vender hun seg om og sier til Ham på hebraisk: Rabbuni! Det er Mester.

Jesus sier til henne: Rør Meg ikke! For Jeg er ennå ikke faret opp til Faderen; men gå til Mine brødre og si til dem: Jeg farer opp til Min Far og deres Far, og til Min Gud og deres Gud!" (Joh 20,10-18)

Maria Magdalena kommer og forteller disiplene: "Jeg har sett Herren!"og at Han har sagt dette til henne. Etter dette menneskelige møtet med Maria Magdalena, for Jesus opp til sin Far i himmelen og overleverte Sitt blod, som var Hans Fars blod. Det ble levert tilbake, like hellig, rent og uberørt av synd (!) som det var i Kristi legeme fra Hans fødsel.
Nå var seieren endelig, menneskehetens dør var igjen åpnet!

Dersom du tror, skal du se Guds herlighet
Jeg vil gjerne nevne historien ved Lasarus grav i denne sammenheng. Vi ser Jesu komme til Lasarus grav: "Jesus sier: Ta steinen bort! Marta, den dødes søster, sier til Ham: Herre! Han stinker allerede, for han har ligget i 4 dager. Jesus sier til henne: Sa Jeg deg ikke at dersom du tror, skal du se Guds herlighet?"(Joh 11,39.40)

Kjære venner, tror vi dette, så er Guds herlighet kun et skritt unna! Han ga Sitt liv som et lam. Han ga Sitt liv som en stedfortreder. Han gjenoppsto som Herre og yppersteprest. Forhenget revnet i det aller helligste, fra toppen og ned. Dette betød at det var ikke lenger noe yppersteprest under den gamle pakt. Presteskapet var over. Loven var fullbyrdet. **Dersom du tror, skal du se Guds herlighet!** Din tid er nå, i din generasjon. Tro det nå og **DU** skal få se Guds herlighet.

Tenk på at det skjedde for deg i løpet av disse 3 dager og 3 netter. Her forandret din verden seg for alltid! Ikke bare den verden vi nå lever i, men også den verden vi går til for evigheten. La oss lese**:**" Og Jesus sa til ham, den ene ugjerningsmannen som hang ved hans side: Sannelig sier Jeg deg; I dag skal du være med Meg i Paradis." (Luk 23,43, Åp 2,7)

Jesu gikk ned i dødsriket og proklamerte Sin evige seier for Djevelen og alle hans demoner, og låste opp for de som satt i varetekt. Han var ved dødsrikets 2 avdelinger: Det ene var pinens sted og det andre var Abrahams favn.
"Men det skjedde at den fattige døde, og at han ble båret bort av engler i Abrahams favn, men også den rike døde, og ble begravet.
Da han slo sine øyne opp i dødsriket, der han var i pine, da ser han Abraham langt borte og Lasarus i hans favn. Da ropte han: Fader Abraham! Forbarm deg over meg og send Lasarus, for at han kan dyppe det ytterste av sin finger i vann og svale min tunge! For jeg pines storlig i denne lue.
Men Abraham sa: Sønn! Kom i hu at du fikk ditt gode i din levetid, og Lasarus likeså det onde! Men nå trøstes han her, og du pines. Og dessuten er et stort svelg festet mellom oss og dere, for at de som vil gå herfra og over til dere, ikke skal kunne det, og for at heller ikke de på den andre siden skal fare derfra og over til oss.
Da sa han: Så ber jeg deg, fader, at du sender ham til min fars hus - for jeg har fem brødre - for at han kan vitne for dem, så ikke de også skal komme til dette pinens sted." (Luk 16,22-28)

Vi ser her at røveren på korset ved Jesu side og de som satt i varetekt i dødsriket, i Abrahams favn, ble frelst (eng: saved, betyr reddet) og som ble med til Paradis.

Kapittel 10
Dåpen i den Hellige Ånd

"Og da Han hadde sagt dette, viste Han dem Sine hender og Sin side. Da ble disiplene glade, da de så Herren. Han sa da igjen til dem: Fred være med dere! Liksom Faderen har utsendt Meg, sender også Jeg dere. Og da Han hadde sagt dette, åndet Han på dem og sa til dem: Ta imot den Hellige Ånd!" (Joh 20,20-22)

Denne samme episode, ser vi beskrevet på litt forskjellige måter i evangeliene.
Når det gjelder denne historien sier noen de fikk meget av Guds Ånd, andre sier de fikk en inspirasjon - og andre igjen at de fikk et åpenbaringens lys til å forstå hva Jesus fortalte dem.

Tiden med overlapping
Slik jeg ser det, var ingen ennå født på ny. T.B. Barratt mente de var frelst, mens E.V. Kenyon mente de ikke var det. Dette er jo ikke av noe vesentlig betydning, for saken er **at** det skjedde i løpet av denne lille perioden. Det er spennende med de årene fra Jesus ble født og til Hans himmelfart. Dette var en helt spesiell tid. Det var en overlappings-tid, i mellom den gamle og den nye pakt, her skjedde ikke alle ting helt etter den gamle eller den nye pakt.

Men nå kommer det fantastiske resultatet av Jesu forsoningsverk på Golgata - og fullkomne seier over Djevelen og hans demoner, for evig.

Hør hva Job sier: "De ventet på Min tale, som på regn." (Job 29,23) Et forløsende utsagn.
Så ser vi på profetien fra Joel:
"Og deretter skal det skje at Jeg vil utøse Min Ånd over alt kjøtt, og deres sønner og deres døtre skal tale profetiske ord, deres oldinger skal ha drømmer, og deres unge menn skal se syner. Ja, også over trellene og over trellkvinnene vil Jeg i de dager utøse Min Ånd." (Joel 3,1.2)
Videre: "Dere skal få kraft i det den Hellige Ånd kommer over dere og dere skal være Mine vitner." (Apg 1,8)

Starten for den nye skapningen, fylt av den Hellige Ånds ild og kraft var, i gang. Nå har vi kommet til den dagen da **startskuddet** gikk for utbredelsen av evangeliet over hele verden …

Kapittel 11
Pinsefestens dag og effekten av den i vår moderne tid – et historisk perspektiv

"Da pinsefestens dag var kommet, var de alle samlet på samme sted. Og med ett kom det en lyd fra himmelen som av et veldig vær, og fylte hele huset der de satt. Og det viste seg for dem tunger likesom av ild, som skilte seg og satte seg på enhver av dem. Da ble de alle fylt med den Hellige Ånd og de begynte å tale med andre tunger, alt etter som Ånden ga dem å tale." (Apg 2,1-4. Les til vers 21)

Her tror jeg dobbelt-underet skjedde. Først ble alle som var til stede født på ny - og så døpt i den Hellige Ånd. Dette var en voldsom hendelse - og **startskuddet** for bevegelsen av den Hellige Ånd over hele verden. Den kunne nå komme inn i menneskers liv og gjøre Guds gjerninger igjennom dem, uansett hvor i verden de var.

Nå ble den Hellige Ånds kraft, talsmannen, utlagt som en maktfaktor over hele planeten jorden. Her ser vi at mange, om ikke alle, fikk tungene: Bønnespråket i den Hellige Ånd. Her er det mange variasjoner å se. Men det er helt klart at en dåp i den Hellige Ånds ild og kraft, er en voldsom driver og inspirasjonskilde og et meget viktig bønnespråk, som vi kan se her:

"Den som taler med tunger, oppbygger seg selv, men den som taler profetisk, oppbygger menigheten." Paulus sier: "Jeg takker Gud: Jeg taler mer i tunger enn dere alle. Så er da tungene til et tegn, ikke for de troende, men for de vantro; den profetiske tale derimot er ikke for de vantro, men for de troende. Men om alle taler profetisk, og det kommer inn en vantro eller ukyndig, så refses han av alle og dømmes av alle, hans hjertes skjulte tanker åpenbares, og så vil han falle på sitt ansikt og tilbe Gud, og vitne at Gud sannelig er iblant dere."(1 Kor 14,18.22-26)

Det er meget viktig at vi har et åndelig historisk perspektiv over vår kristendom

Det viktigste siden pinsefestens dag har skjedd de siste 200 år, og det er lite i forhold til hva Gud vil gjøre. Den tiden vi nå lever i er en åndelig tid med større forståelse, og gjennom det større muligheter enn tidligere tider. Den forståelsen vi nå har, gir oss også et større ansvar og det kreves mer av oss. Uten at våre liv legges helt ned for Kristus og Han blir vårt alt, **vil ingen ting av betydning skje.** Jeg tar og nevner for dere litt om tidligere brødre som opplevde den Hellige Ånds ild og kraft.

Disse forskjellige brødre opplevde den Hellige Ånds dåp på flere forskjellige måter.

Predikantenes fyrste C.H. Spurgeon, 1834-1892

Han ble pastor i en London-menighet som ung gutt, og han ble der til sin dødsdag. Møtelokalet hadde plass til 1200 personer, men ble utvidet i løpet av noen år til å ta 8 000. Han talte alltid for fulle hus, mennesker ble frelst i hopetall. Men han samlet mye større folkemengder i sine møter ute i det fri. Han var en kontroversiell forkynner. Mennesker ble som dradd til møtene hans i alle år. Jeg har ikke funnet noe dokumentasjon om at han var døpt i den Hellige Ånd. Men jeg tror absolutt han var det, men ikke var klar over det selv, og da antagelig uten tungemålsgaven. Slikt som skjedde i hans tjeneste, skjer ikke uten utrustning fra Gud i form av en dåp i den Hellige Ånds ild og kraft!

Troen på helbredelse vokste under hans forkynnelse.

Han hadde ingen helbredelses- og utfrielsestjeneste. Men han var en sterk Ordets mann, levde og forkynte i lydighet mot Guds Ord, Bibelen. Og skarene ble frelst under hans "radikale" forkynnelse. Under hans liv og tjeneste vokste troen på helbredelse frem, selv om han ikke var noe involvert i det selv. Charles H. Spurgeon døde før Azuza Street-vekkelsen.

F.F. Bosworth, 1877-1958
Han var døpt i den Hellige Ånd, med tunger som tegn. Han hadde i mange år en sterk tjeneste i helbredelse av de syke. Han var en Guds kjempe i USA. Da han pensjonerte seg, ble han kampanjeleder for William Branham. Branham talte og ba for syke. Bosworth ble mentor for Branham, Oral Roberts og T.L. Osborn. Han sto bevisst i dåpen i den Hellige Ånds kraft, med tunger som bønnespråket i Ånden. Han skrev også den kjente boken "Christ the Healer".

Ludvig (født 1874) og Haakon Storm Monsen
Haakon ble døpt i den Hellige Ånd, kraft og ild 12.oktober 1902, på en høyde utenfor Stavanger. Etter dette kjente han en veldig kraft. Noen ganger når han talte, måtte han holde seg fast i talerstolen for ikke å falle. Helbredelser skjedde uten at han rørte ved de syke.
Han sa: **"De hørte og var åpne for Guds Ord."** Det er en av de store nøklene som må være tilstede, for at Herren skal få virket iblant oss i dag med sin "himmelske kraft". Disse brødrene levde i viten og erfaring av Åndens dåp, ild og kraft. Selv om de levde bevisst i Åndens kraft, ble tungetalen ikke nevnt (men den kan ha vært der).

Lewi Pethrus
Han var grunnleggeren av den svenske pinsebevegelsen. Han ble døpt i den Hellige

Ånd, ild og kraft med tunger som tegn, tidlig en morgen på båten fra Lillesand til Oslo (i 1902). Han visste ikke hva det var han opplevde. Natten før hadde han tilbrakt i bønn sammen med frelste venner, i et hjem i Lillesand. Etter denne opplevelsen ble Herrens medvirkning på hans møter av en helt annen karakter enn tidligere. Men han koblet ikke opplevelsen på fergen til dette. Han hadde ikke kjennskap til dåpen i den Hellige Ånd, ild og kraft. Lewi Pethrus var en helt ung mann når dette skjedde, og hadde møter i Lillesand og Arendal. Han ble utsendt fra Oslo, men ikke som førstevalg, da han var den yngste i ungdomsflokken. Men da ingen andre kunne dra, fikk han lov.

William Seymoure

Dette var afro-amerikaneren som kom til Azusa Street i Los Angeles og startet møter i 1906. Han var blitt døpt i den Hellige Ånd, kraft og ild på bibelskole i Kansas City, med tunger som tegn. Ut ifra møtene han hadde i Los Angeles, spredte det seg som har blitt kjent som pinsebevegelsen, ut over hele verden.

Evan Roberts, 1878-1951

Den kvelden han ble døpt i den Hellige Ånd, kraft og ild, var han ute med en venn og gikk tur. Da fikk de se en arm som strakte seg ned fra månen, mot Wales - og vekkelsen som rørte hele

nasjonen var i gang. Her var virkelig den Hellige Ånds kraft og ild i arbeid.
De opplevde dåpen i den Hellige Ånd både med og uten tunger – men kraften var der uansett.

T.B. Barratt
Han ble hovedpersonen for utbredelsen av pinsebevegelsen i hele Europa (1847-1907). Han ble døpt i den Hellige Ånd, ild og kraft - uten tunger - i New York 7.10.1906. Tungene fikk han 15.11.1906 på et lite møte der det ble sett ildkrone over hans hode.

John Alexander Dowie, 1847-1907
Han var fra Skottland. Men han hadde tjeneste som forkynner i Australia, før han flyttet til Amerika, Chicago, hvor han grunnla Zion City. I lokalet hans her er veggene overhengt med krykker og hjelpemidler som har tilhørt dem som ble helbredet på møtene hans. Han ble kalt helbredelses-vekkelsens far, men han trodde ikke på teologien om dåpen i den Hellige Ånd. Men han var døpt i den Hellige Ånd, kraft og ild - uten tunger - og uten å vite om det selv. Den Hellige Ånds kraft og ild var med ham med tyngde.

John G. Lake 1870-1935
Han ble døpt i den Hellige Ånd, kraft og ild i Azusa Street i 1907. Allerede året etter var han i gang med helbredelsesmøter i Sør-Afrika. Han

ble kraftig influert av John Alexander Dowie. John G. Lake hadde 8 søsken. De var alle svært alvorlig syke. Dowie ba for dem en etter en, og de ble alle momentant helbredet!
Etter dette gikk John G. Lake rett inn i sin sterke helbredelsestjeneste.

En bølge av Gud
En fantastisk bølge av Gud kom over USA fra 1900-1906, sier John G. Lake i en av sine bøker. Hundretusener av mennesker ble døpt i den Hellige Ånd og talte med tunger.
La det skje som det skjer, bare det skjer i overensstemmelse med det skrevne Guds Ord, Bibelen.

Jeg synes det er viktige å ta med litt om disse brødrene som har gått foran i nyere tid. Det har ofte vært helt fastspikret i hvordan ting er og skal skje. Av de forskjellige brødre nevnt, kan vi se at det ikke er slik. De opplevde den Hellige Ånds inngripen på **forskjellige** måter.
Det viktige er å leve livet overgitt til Kristus og ta imot det Herren vil gi oss - slik det kommer, og bruke det i lydighet til Jesus. Vi ser alle deres forskjellige opplevelser av samme sak, men som må stemme overens med Bibelens Ord. Mye kunne vært skrevet om disse brødre, men det var dette jeg ville ha frem akkurat nå.

Tom Arild Fjeld, 1953

Jeg vil gjerne ta med noen av mine egne erfaringer også i denne sammenheng. Jeg begynte å be for syke og for mennesker til utfrielse, allerede uken etter jeg ble frelst. Da oppdaget jeg det som var klart beskrevet i Markus 16,14 - så jeg begynte å be for syke på arbeidsplassen min på sykehuset. Dette var oppstarten, men det ga meg øyeblikkelig problemer. Det var selvfølgelig imot ledelsens vilje at pasientene skulle bli bedt for. Men mennesker ble frelst og helbredet!

Døpt i den Hellige Ånds kraft med tunger som tegn

En måned senere, i påsken, var vi på hyttetur med menigheten Salem, Oslo. Der ba en svenske for meg så jeg ble døpt i den Hellige Ånd, og fikk tungene samtidig. Samme ettermiddag ba jeg igjennom 5 personer til dåpen i den Hellige Ånd. Ånd, ild og kraft, med tunger som tegn. Det var dette vi alle tok imot. Etter denne opplevelsen ba jeg for syke og andre behov til langt på natt. Det var et høylytt bønnemøte den natten, alle lovpriste Gud i tunger og lovsang til langt ut på morgenen. Denne påsken forandret ungdomsmiljøet i menigheten seg til fyr og flamme. Det litt morsomme her, var at T.B. Barratt hadde eid en av nabohyttene.

Jeg søkte steder hvor jeg forsto det var åndelig liv (slik jeg så det). Det fant jeg i Totengata, eller "Knivstikkergata" som den ble kalt.
Den lå på Kampen i Oslo. Det var her Ten Centeret holdt til (1974), og her var det tirsdagsmøter. Det ble fort slik at jeg ba for syke og for utfrielse fra demoner på disse møtene. Ryktene gikk - pinsevennene var nemlig ikke så veldig begeistret for dette!
Jeg husker et møte da hele den fullpakkede forsamlingen falt i gulvet under Åndens kraft. Ellers på møter ble jeg ofte spurt om å be for mennesker i "ettermøtene", hvilket jeg gjorde. Jeg tenkte aldri på at det var en Åndens kraft som var med meg på en spesiell måte, men det var Han jo - og Han har vært der siden den dagen jeg ble frelst.

Miraklet i Svelvik

Jeg husker et mirakel fra den tiden, det var på et møte i Svelvik. Jeg kunne jo ikke preke, men jeg kunne be! Der var det en ung mann som hadde et fotblad i normal størrelse og det andre fotbladet var mye mindre. Jeg ba for ham og det minste fotbladet vokste og ble like stort som det andre. Gud er den suverene i alle ting og Kristus vant seieren for oss alle.

Kraften

"Dere skal få kraft i det den Hellige Ånd kommer over dere, og dere skal være mine vitner (gresk: martyrer, en som legger frem håndfaste bevis om at det han taler er sant)." (Apg 1,8)

"Og med stor kraft bar apostlene frem vitnesbyrdet (martyrium) om den Herre Jesu oppstandelse, og det var stor nåde over dem alle."(Apg 4,33) Denne Åndens kraft er tilgjengelig på samme måte i dag, som den var på pinsefestens dag og har vært siden den gang.

"Men det ble gjort mange tegn og undergjerninger blant folket ved apostlenes hender, så de endog bar de syke ut på gatene og la dem på senger og benker, for at bare skyggen av Peter kunne overskygge noen av dem når han kom. Ja, også fra avsidesliggende byer kom mennesker i mengder til Jerusalem, og førte med seg syke og folk som var plaget med demoner. Og de ble alle helbredet." (1 Kor 14,18.22-26)

Holdt tilbake av myndighetene i Pakistan i 3 dager

Jeg kan huske i Pakistan, etter jeg var holdt tilbake av myndighetene i 3 dager ute på flyplassen. De slapp meg fri til slutt, og da ble jeg kjørt til området dere møtene skulle startet 3 dager før. Da jeg ankom, var det væpnet politi rundt hele området. De smilte og var hyggelige da vi kom kjørende. Men folk **hadde ventet i 3 dager!** Likevel smilte og vinket de, så jeg hilste på noen av dem på vei bort til plattformen. Det var nok 10-15 000 mennesker der. På plattformen var mange brødre fra forskjellige pakistanske sammenhenger.

Tal og be

På plattformen kom en broder bort til meg med en Bibel og sa: "Tal og be!"
Det var så sterkt, så det var nesten vanskelig å preke. Etter å ha talt en stund, kjente jeg for å stoppe prekenen. **Jeg ba en bønn om helbredelse for alle.** Mennesker ble øyeblikkelig helbredet over hele om rådet og demonene kom ut med høye skrik. Mennesker stormet plattformen - og hele plattformen brøt sammen.

Korstoget i Feisalabad

På en annen kampanje i en annen by i Pakistan, hvor det i utgangspunktet var stor motstand mot evangeliet om Jesus, fikk jeg ikke talt i det hele tatt. Det var så tungt i ånden! Jeg henvendte meg til Herren og sa: **"Her nytter det ikke å tale. Jeg ber en bønn for folket - så får Du ta Deg av resten!"** Som bedt, så gjort. Etter bønnen kom en far løpende frem med sin sønn på armen. Han fortalte at sønnen var født med begge føttene feil vei, at tærne pekte bakover og hælene forover. Nå var de helt normale, de sto riktig vei. Jeg visste ikke om jeg trodde det, dette var jo helt "utrolig", og spurte om noen kjente disse menneskene. Det var det mange som gjorde. Og alle bekreftet det som hadde skjedd. Nå brøt det skikkelig løs for evangeliets nåde og kraft!

Det å gå med Herren gjør ens liv til et eventyr
Opplevelsene blir så rike og mange. For det er sant, veilederen, talsmannen, den Hellige Ånds kraft er med oss. Det kom traktorer med hengere fulle av syke til møtene i **India**. 100 000 mennesker på møtene kveld etter kveld. Det var timevis av vitnesbyrd om helbredelser som var skjedd - og tusener av hinduer ga sine liv til Kristus.

I Kampala, Uganda, brukte vi store lys på kveldsmøtene. Etter talen lot vi lysene treffe meg på plattformen, slik at skyggen falt over folkemassene - og mennesker ble helbredet i mengdevis. Vi ser at det skjer på samme måte som i Bibelens dager.
"Jesu Kristus er i går og i dag den samme, ja, til evig tid."(Heb13,8)

Kapittel 12
Den Hellige Ånds kraft er med oss og herliggjør Kristus gjennom den seier Han vant på Golgata

Som vi ser bevitnet gjennom menneskehetens frigjøring: Gjenfødelse, utfrielse, helbredelse, velsignelse og ledelse i alle livets gjøremål.
Den Hellige Ånd tar tak i Sine tjenere og former dem til oppgavene og lar den Hellige Ånds kraft være med dem. **Dåpen i den Hellige Ånd, kraft og ild er tilgjengelig for oss alle.**
Vi har sett eksemplene her på den Hellige Ånds komme i hver enkelt av oss, men at ting skjer på forskjellige måter. Så for oss i dag gjelder det å **være åpne, ta imot og adlyde** Herren når Han kommer. Det som jeg ser som en stor nødvendighet i vår tid, i denne sammen heng.

Den nøkterne prøving av åndene
Det er nødvendig at vi vandrer i nøkternhet og overgivelse til Kristus, slik at vi kan skjelne (prøve) åndene. Jeg snakker ikke om nådegave til å skjelne ånder. Vandrer vi i sunnheten og nøkternheten med Herren, så vil vi kunne registrere Herrens Ånd fra de andre åndene. I en verden som i dag er dette **en nødvendighet.**

Lever du nære Herren, så kjenner du Ham. Da vil du også naturlig kjenne hva som ikke er av Ham.

Den Hellige Ånds ild og kraft er her for oss. ”Han gjør Sine tjenere til **flammende ild**,” sier Hebreerne 12. I Salme 104,4 heter det: ”Vindene gjør Du til sendebud, **ild og luer** til Dine tjenere.” Ordet fra Klagesangen 1,13 gikk bokstavelig talt i oppfyllelse: ”Herren sendte **ild** fra det høye, den gikk meg gjennom marg og bein.”

I 1 Korinterbrev kan vi lese om de åndelige nådegaver og at Ånden i dem er den samme. Dette er mer enn naturlige gaver, dette er noe som et naturlig menneske ikke er i stand til å utføre. Hver og en av oss har fått en nådegave. (1 Kor 12,4) Peter sier: ”Etter som enhver har fått en nådegave, så tjen da hverandre med den som gode husholdere over Guds rike nåde.” (1 Peter 4,10)
I frelsens under har vi alle inngang til Den Hellige Ånds dåp, og de medfølgende Åndens gaver. Så la oss tjene med dem.

Fredrik Wisløff har noen visdomsord å si i denne sammenheng i sin bok om “Den Hellige Ånd”: **Er alt på alteret – blir du et Guds tilholdssted.** ”Så mang en Herrens tjener hemmes i åndelig kraft av en mangelfull overgivelse til Gud. Deres alt er ikke stilt til

Guds disposisjon. Og før alt er lagt på Herrens alter, faller ikke Herrens ild".
Legges alt på alteret, vil man oppleve Åndens gaver vil komme og tilkjennegi seg. Døren vil være åpen for gavenes virke i ens liv. Når alt er på alteret, er det ikke "bare" en dåp i den Hellige Ånd. **Det er Gud som fyller deg fra håret helt ned i fotsålene!** Du blir et Guds tilholdssted, du blir Guds hus/bolig, huset for den allmektige Gud. Gud kommer og presenterer Seg selv for deg. La oss aldri bli opptatt av "fenomenene" eller gavene. La oss ikke gjøre dem til merke for vår virksomhet. La oss alltid **la Herren få ære og være vårt sentrum.** Alt er lagt til rette for oss så vi kan vandre i Den Hellige Ånds ild og kraft.

Kapittel 13
Nådestolen:

Nådestolen var Herrens nådestol og spesielle åpenbarings-sted
Herren sa til Moses: "**Jeg vil komme sammen med deg der,** fra nådestolen, mellom begge kjerubene som er på vitnesbyrdet ark, vil Jeg tale med deg og si Israels barn." (2 Mos 25,22)

På den store forsoningsdagen, da ypperstepresten gikk inn i det aller helligste for å gjøre soning for sine og folkets synder, var nådestolen midtpunktet. En røyksky måtte skjule nådestolen, så ypperstepresten ikke skulle dø. Og Gud sa: "Du kan ikke se Mitt åsyn, for ikke et menneske kan se Meg og leve."(2 Mos 33,20)

Men blod av syndofferoksen og syndofferbukken skulle sprenges på nådestolen og foran nådestolen. Slik ble det gjort soning for helligdommen, og den ble renset for Israels barns urenhet og for alle deres overtredelser. "Deretter skal han slakte den bukk som skal være syndoffer for folket, og bære dens blod innenfor forhenget, han skal gjøre med dens blod liksom han gjorde med oksens blod, og sprenge det på nådestolen og foran nådestolen." (3 Mos 16,15)

Nådestolens ekko fra Det Gamle Testamentet klinger igjen: "Og de blir rettferdiggjort uforskyldt av Hans nåde ved forløsningen i Kristus Jesus. Som Gud stilte til skue i Hans blod, som en nådestol ved troen, for å vise Sin rettferdighet, fordi Han i Sin langmodighet hadde båret over med de synder som før var gjort." (Rom 3,24.25)

Hvilken fantastisk port til nåde og åpenbaring vi har i Kristus Jesus! "Maria Magdalena så Jesus etter Han var oppstanden utenfor graven. Jesus sa: Rør ikke ved Meg! For Jeg er ennå ikke reist opp til Faderen…Jeg farer opp til Min Far og deres Far, og til Min Gud og deres Gud!" (Joh 20,17) Bibelen sier videre: "Og ikke med blod av bukker og kalver, men med Sitt eget blod, en gang inn i helligdommen og vant en evig forløsning." (Heb 9,12)

I Kristus Jesus har vi vår fullkomne nåde og åpenbaring av Hans herlighet, i vårt liv i nåde. Og når vi er inne for Nådestolen i det himmelske, er våre bønner på dypet!

Kapittel 14
Den Hellige Ånds ild og kraft, er igjen tatt ned i den vestlige verden

Brødrene Hans og Ludvig Storm Monsen var tidlig ute med opplevelsen av den Hellige Ånds ild og kraft i Norge. Haakon Storm Monsen ble døpt I den Hellige Ånds ild og kraft på en fjelltopp i Stavanger, 1895. Dette var oppstarten på en tjeneste i bønn for syke for disse brødre. De tok hverandres etternavn, derfor ble navnet Storm Monsen.

Ludvig Storm Monsen, falt ned fra et tak og brakk ryggen under et arbeidsoppdrag i Skien. Han ble blind og lam. Det var han i 12 år. De reiste rundt i Norge, Haakon gående og Ludvig på båren. Haakon trillet og stelte sin bror. Mennesker ble frelst og helbredet over alt brødrene kom.

Møtet i Stavanger som ingen glemte
Et år som vil bli husket av hele Stavanger bys befolkning, var 1915. Mye hadde skjedd tidligere også, men det var på et møte dette året noe helt spesielt hendte. Arbeiderforeningens lokaler i Stavanger ble klargjort for møter. Der fikk de lov til å ha dem om ettermiddagen fra kl.

13.00. De valgte ut bestemte emner for møtene, for å nå inn til mennesker på forskjellige vis. De inviterte avholdsfolk, korporasjoner, alle fredsvenner og de religiøse partier. "Det var et varsko vi ville utrope til vår egen by," sa de. Darwinistenes forening og alle byens prester ble også invitert skriftlig. De inviterte også hver eneste sosialist i Stavanger som vedkjente seg sitt parti, gudsfornektere, tvilere og alle de som funderer. Alle var hjertelig velkommen!
Møtet startet og salen var full. Ludvig var på plass på plattformen med sin vogn. Hans var ved hans side.

En fryktelig angst og skjelven kom over Ludvig

Ludvig var redselsslagen. Lammelsen hadde ikke blitt bedre, det gikk stadig nedover bakke med helsen, som Ludvig selv sa det. Han var lam i hele venstre side, fra hodet og nedtil fotsålen. Han var fullstendig blind på høyre øye. Og på venstre øye var det små perioder da han ved hjelp av sterke briller kunne se litt. Sin bror i Ånden, Haakons ansikt, hadde han aldri sett.

"Ludvig stå opp, vær snill, reis deg opp!"

Ludvig sier: "Da jeg hadde talt fra vognen en times tid, ble jeg helt maktesløs. Jeg kunne bare sukke til Gud. Det var en fryktelig kamp, et fryktelig øyeblikk. Plutselig skjedde det mest

underbare jeg noensinne har opplevd, jeg hørte en stemme så underbar og ren, så himmelsk. Ja, den var mild og øm, og talte det mest dyrebare jeg noensinne har hørt. Stemmen kom fra Jesu egne lepper og ut fra Hans egen munn. Haakon satt på en stol ved siden av meg. Etter disse fryktelige øyeblikk, kom Guds milde fred, og jeg hørte Herrens milde stemme si til meg: "**Reis deg opp.**" Jeg nølte, men stemmen sa igjen: **"Vær snill, reis deg opp."**
Jeg reiste meg rolig opp på mine føtter. Da jeg sto ved vognen, reiste Haakon seg også opp og ga meg hånden. Ved Jesus fra Nasaret sto min bror helbredet ved min side. Dere kan tro det ble jubel etter 12 år på båre!"
Etter dette ble de invitert til å ha møter i Norge, Sverige, Danmark og USA. De reiste i mange år med sin helbredelses-tjeneste.

Rein Seehus (12.6.1900-13.2.1975) – og så falt den Hellige Ånd

Datteren til Rein Seehus, Aida, sier om sin far: "Det var i Hurum pappa som 14-15 åring hadde møter og opplevde at alle ble frelst. Det som var av verdslig karakter opphørte etter møtene. Dette var i 1915."

"Det er også en nydelig historie derifra, sier Aida, da pappa talte for barn om den Hellige Ånd. I slutten av møtet var det en liten jente som ikke kunne snakke rent som ba: "Takk sæle (kjære) Jesus at Du skal sende den Hellige Ånd ikke mange timer hælletter (heretter)!" Den lille jenta fortsatte å be: "Takk sæle Jesus at Du skal sende den Hellige Ånd ikke mange timer hælletter!" Så økte jentas tro. "Takk sæle Jesus at Du skal sende den Hellige Ånd ikke mange sekunder hælletter!" **Så falt den Hellige Ånd over alle barna, og samtlige ble døpt i Den Hellige Ånd!"**

Disse opplevelsene som Rein Seehus hadde i tidlig ungdom, kan jeg se fulgte ham hele livet. Rein Seehus døde ett år etter jeg ble frelst, så jeg fikk aldri gleden av møte ham. Derimot så fikk jeg høre en del om ham. Så jeg gjenkjenner det datteren Aida sier om sin far.

Holder det broder Rein?

På dødsleiet til broder Rein Seehus var broder Ingolf Kolshus, som også ble kalt "biskopen av Sarons dal" (positivt spøkefullt). Han spurte Rein: " Holder det (frelsen) broder Rein? "svaret var klokkeklart: "Ja, det holder!"

Ingolf Kolshus ble jeg kjent med ett års tid etter jeg ble frelst. Det var på Troens Bevis Bibel- og Misjonsinstitutt. Han var lærer der. Når du møtte Ingolf, så møtte du en kjærlighetens mann. Han var en bærer av Åndens frukter og hadde sterk tro på den Hellige Ånds ild og kraft. Han var en ekte venn av pinsens budskap.

Kapittel 15 Charles Parham, (31.12 1900) - Den Hellige Ånd falt i Bethel College, Topeka, Kansas, USA

Den Hellige Ånds dåp var allerede kjent i Afrika og Sør-Amerika. Her i Bethel College begynte noen studenter å lage uforståelige lyder, når pastoren forkynte. Nå var det kommet synlig og hørbart i den fysiske verden i Nord-Amerika. Charles Parham var rektor på Bibelskolen i menigheten. Han hadde undervist en uke om den Hellige Ånd. Nå la han hendene på studentene og ba for dem. De ble alle døpt i den Hellige Ånd og ild. De begynte å tale i fremmede tunger. Det var 40 studenter på bibelskolen, og dåpen i den Hellige Ånd hadde nådd dem. De som ble døpt i den Hellige Ånd opplevde at tungetalen ble videreført ved håndspåleggelse.

Fokuset på den Hellige Ånds kraft var ikke stor. Fokuset var derimot på tungetalen og opplevelsene rundt den.

Dåpen i den Hellige Ånd – er en dåp i den Hellige Ånds kraft
Jesus sa: "Dere skal få kraft…til å være Mine vitner (gresk: martyrer, man legger frem håndfaste bevis om at det en sier er sant)."(Apg 1,8)

Tungetalen
Vi ser tydelig hvilket kommunikasjons-redskap med Gud tungetalen er.
Kommunikasjon, og til **egen oppbyggelse**. Vel og merke hvis du trenger det til dine åndelige gjøremål av overnaturlig karakter. Hvis det ikke er med det formål, trenger du det ikke og vil heller ikke få det. Det hele er alltid i samarbeid med Gud. (1 Kor 14,1.6.14 og ut kapitlet)
Mange tror så forskjellig her angående tungetalen, men det er snakk om **en visshet som ligger dypt inne i menneskets ånd,** som igjen gir signalene ut i menneskets sjel. Da vet du det uten skygge av tvil, og du gjør det/taler det.
Om du ser resultatet øyeblikkelig, eller ikke, spiller for deg ingen rolle. Du er av Gud solid overbevist helt personlig, uten menneskelig innblanding. Du lar deg ikke berøre av andre menneskers meninger.

Pastor William J. Seymoure

Afro-amerikaneren William J. Seymoure, som var student på bibelskolen i Kansas, var også til stede da Ånden falt. Han var på et rom **alene**, for han var jo sort i huden! Han fikk ikke være i det samme rom som de hvite. Men Ånden falt på ham også! Den Hellige Ånds flamme gikk herifra til Los Angeles, til en liten låve i Azuza Street. Redskapet her var nemlig den sorte broderen! Seymoure var sønn av tidligere slaver. Han hadde bare et øye og var halt. Mest av alt la Seymoure vekt på tungetalen, fordi han i den så tegnet på Åndens utgytelse og den nye pinse. De først møtene var i en nasareerkirke blant negrene. Litt senere satte han i gang møter i låven i Azuza Street. Det ble også sagt at dette ikke var en låve, men en kondemnert metodist kirke.

Kapittel 16
Låven i Azuza Street, Los Angeles i 1906 og vekkelsens utbredelse

Sønderknuselsen, omvendelsen, gjenfødelsen, gråten og dåpen i den Hellige Ånd med tungetale

Her opplevde mange sønderknuselse, omvendelse til Kristus og en dåp i den Hellige Ånd, med tunger. Det som ble det største tegnet for folket var ikke helbredelser (som det også skjedde mye av), men **sønderknuselsen,** omvendelsen, gjenfødelsen, gråten og dåpen i den Hellige Ånd med tunger.

Det guddommelige som skjedde her, varte i 3 år. Så var det slutt. Men dåpen i den Hellige Ånd og ild, spredte seg herifra og verden over, gjennom mennesker som tok imot.

(Kjøttet fornekter seg ikke: Adresselisten til alle som var med i Azuza Street-vekkelsen, ble stjålet av en av dem som var med).

Men tenk deg, denne sønnen av en slave - ble det fantastiske redskapet som forårsaket pinsens kraft på ny ut i verden!

Vekkelsen i Wales

I Wales hadde også vekkelse brutt ut. Den varte ikke så lenge, men hadde høydepunktene sine

igjennom 1904 og 1905. I 2 år blåste Guds Ånd sterkt over Wales. Det var den 26 år gamle Evan Roberts som var Guds redskap her.
I denne vekkelsen sto store tegn, mirakler og helbredelser på agendaen. Det sterke overnaturlige skjedde over alt. Skjenkestedene ble tømt for gjester. Gjestene løp ut på gatene og ropte på Gud om frelse.

En ordinær mann som vandret med Gud - vekkelsen i USA på 20-tallet

F.F. Bosworth sto i en kraftig helbredelsestjeneste som evangelist. Han samarbeidet også noe med E.V. Kenyon. Mot slutten av 40-tallet, ble han mentor og korstogs-koordinator for blant annet William Branham. Her virket også den Hellige Ånd og ild på en mektig måte i en del år. Tusenvis av mennesker ble berørt og forvandlet ved den Hellige Ånds kraft og ild. Han skrev også en fantastisk bok om helbredelse, "Kristus helbrederen". Derfra siterer også T.L. Osborn fra i sin bok "Helbrede de syke."

William Branhams helbredelses- og utfrielsestjeneste

William Branham sto i en spesiell helbredelses- og utfrielsestjeneste helt til sin død i 1965. Den Hellige Ånd og ilds tyngde fulgte alltid med i møtene hans, som samlet tusener av mennesker. Det var på et av møtene til William Branham, at

Daisy og T.L. Osborn kom og opplevde sin forvandling i liv og tjeneste.

T.L. Osborns forvandling

Ekteparet Osborn hadde vært en liten tur som misjonærer til India, men uten noe som helst åndelig suksess for Jesus. Så kom de hjem til USA og ble pastorpar i en liten menighet. William Branham hadde kommet til byen for å ha møter. Daisy Osborn hørte om dette, og ville gjerne gå dit. Hun sa til mannen sin: "Vi må gå på dette møtet, det skjer underbare ting der!" T. L. ville ikke gå på dette møtet, men Daisy fikk han med til slutt. **Osborn fikk se Jesus i aksjon for første gang.** Fra den dagen var han en forvandlet mann! Og de var klare for en tjeneste i den Hellige Ånds ild og kraft! Raskt etter dette møtet, reiste ekteparet Osborn til en av øyene i det Karibiske hav. Der hadde de sin første helbredelses-kampanje. Det ble full suksess fra første møte. Mennesker ble helbredet i mengdevis og ga sine liv til Jesus som Frelser og Herre.

Osborns kall til tjenesten

T.L. Osborn sa: "Gud sa aldri: " Gå dere syndere til Mitt hus og bli frelst, for at dere ikke skal dø."
Men Gud sa: "Gå ut i all verden og forkynn evangeliet for all skapningen." (Markus 16,15)
Osborn sier videre: "Denne befalingen er mitt livs oppdrag. Det er **kall** nok!" Og det er ditt

oppdrag også - hvis du tror Jesus Kristus, og tror at Han også virker igjennom deg. Tro det - og du har det!

Evangelist Oral Roberts og "Latter-rain-bevegelsen" (meds store telt) fra 1947 til litt ut i 50-årene i USA

Her var William Branham også en døråpner. Oral Roberts var den første som brukte telt som tok tusenvis av mennesker. Han hadde helbredelsesmøter med kjempe suksess. En del andre evangelister fulgte raskt opp etter Oral Roberts og hadde egne telt.
Helbredelsesvekkelsen spredte seg ut over i USA. T.L. Osborn, Jack Coe, A.A. Allen og flere andre evangelister, ble sterkt brukt av Gud i denne tiden. Denne helbredelses-bevegelsen varte rundt 8 år.

Sterke vekkelsespredikanter

D. L. Moody, 1837-1899, søndagsskolelæreren som ble folketaler
Han var også en Ordets mann og samlet de store skarene under sin talerstol. Tusener ble frelst under hans forkynnelse. Han startet opp flere foretak i Chicago, blant annet D.L. Moody Bibleinstitute, som fremdeles er i gang i Chicago.
Han hadde etter hvert sitt hovedsete i Chicago, med misjonsskole og bibelskole, som fremdeles

i dag er i drift. Store møter hadde han hver uke i menigheten sin ”The Moody Church”. Han var en tur hos C.H. Spurgeon i London, og etter det tok hans tjeneste fart. Han hadde heller ingen helbredelses- og utfrielsestjeneste. Men sterke helbredelsestjenester vokste frem under tiden han virket. Han døde også før Azuza Street-vekkelsen.
Hans legendariske preken er **“I am a soldier in the army”.** D. L. Moody ble observert av noen medlemmer i et annet kirkesamfunn, for sitt voldsomme pågangsmot for Herren. De sa til ham: “Broder du arbeider i kjøttet, du trenger en dåp i den Hellige Ånd.” Dette kjente ikke Moody til. Vennene kom til ham flere ganger og fortalte ham om det. De ville be for ham – noe de også gjorde til slutt.

Døpt i den Hellige Ånd og ild på båten fra Amerika til England
Moody skulle på en tur til England. På sjøreisen dit kom Ånden over ham og han ble døpt i den Hellige Ånd og ild. Han ba om egen lugar, så han kunne prise Herren. Om han fikk tungetalen vet jeg ikke, men hans tjeneste var mektig salvet av Gud i alle år som han sto på som forkynner. Han var helt klart døpt i den Hellige Ånd, kraft og ild!

Sigøyneren Rodny Gipsy Smith, 1860-1947
Han var engelsk og reiste i over 70 år med mektige kampanjer i England, Skottland, i

Europa forøvrig og USA - ja, rundt hele verden. Så langt jeg har funnet ut hadde han lite kjennskap til dåpen i den Hellige Ånd.
Men hans åndelige utrustning ville ikke vært der uten en dåp i den Hellige Ånds kraft. Hans mektige kampanjer i over 70 år viser klart det, men da antageligvis uten tunger. Han hadde heller ingen helbredelses-tjeneste. Han døde det året det brøt ut med helbredelsesvekkelser i telt i USA.
Det var flere brødre med samme type tjeneste som disse. Jeg nevner noen få, og skriver heller ikke så my om hver enkelt. Det er ikke meningen med denne boken. Jeg vil bare la dere få litt oversikt over hvordan det åndelige forløpet har vært. Disse brødre, unntatt Gipsy Smith, døde rett før den viktige hendelsen i Azuza Street i Los Angeles, California.
Ingen tro på dåpen i den Hellige Ånd

John Alexander Dowie
Han var fra Skottland (25.05.1846 - 9.03.1907) og hadde også sin sterke tjeneste på denne tiden med hovedsete i Chicago. Det sies at han ikke hadde noe tro på teologien om dåpen i den Hellige Ånd. Slik jeg ser det, var han døpt i den Hellige Ånd, selv om han ikke talte i tunger. Dåpen i den Hellige Ånd er i følge Apostlenes gjerninger, en dåp i kraft - tungetalen er bønnespråket i den Hellige Ånd, som Korinterbrevet forteller oss.

John Alexander Dowie var også en tur i London og hadde helbredelsesmøter. Det var rundt tiden for T.B. Barratt`s hjemkomst til Oslo (fra Amerika).

Kapittel 17
De store teltmøtene - og helbredelsesvekkelsen i USA

"Healing Crusades", helbredelsesvekkelsen og de store teltmøte-tjenestene i USA
Denne vekkelsen startet opp i 1947 og varte til litt ut i 50-årene. Det blir sagt at den varte i 8 år. Og den stoppet like fort som den hadde kommet.

Tjenester som fortsatte etter helbredelsestjenester i telt i USA

Oral Robert og **T.L. Osborns** tjenester fortsatte. **Morris Cerullo** startet omtrent 10 år etter disse brødre i sin tjeneste. Dette er de sterkeste helbredelses- og utfrielsestjenestene som fortsatte i årene fremover. Oral Roberts helbredelsestjeneste kom nok litt i hvilemodus, da han hadde en annen hoved-agenda, nemlig Oral Roberts University i Tulsa, Oklahoma. Han bygde også sykehuset "The City of Faith" rett ved Universitetet.
T.L. Osborn hadde også sitt hovedkvarter i Tulsa, men fortsatte mest i den tredje verden med sin tjeneste, det samme gjorde også Morris Cerullo. Jeg kunne som sagt tatt med mange flere og gått dypere inn på hver enkelt, men meningen med boken er kun å gi en liten oversikt.

Turnhallen i Oslo

Det jeg har nevnt så langt, er for å gi litt historikk rundt det som skjedde i Oslo lille julaften 1906. Det som startet opp her, var som midten av en smeltedigel, og hadde egentlig startet opp en del år tidligere. Det skjedde forskjellige steder i verden - inkludert Stavanger. Så da **T.B. Barratt** sto frem på barrikaden i Norge, var det midt i den Hellige Ånds bevegelse verden over - samtidig. Det var ikke noe nytt som skjedde, men bare enda mer av det som allerede var i gang.

Vekkelsene varte kun i få år

Det underlige med alle de overnaturlige vekkelsene, var at de kun varte noen få år. John Alexander Dowies tjeneste i Chicago varte lenger. T.L. Osborn og Morris Cerullos tjenester har vært de som har vart lengst. T.L. Osborn, USA (1923-2013), hans tjeneste varte livet ut. Oral Roberts roet tjenesten litt ned de siste årene av sitt liv. Morris Cerullo USA, (2.10.1931) er fremdeles i sin sterke tjeneste.

Turnhallen i Oslo
Nå har vi kommet til Turnhallen i St.Olavsgate i Oslo sentrum. Her var en flokk mennesker samlet til dagens første møte. Spenningen var stor, for nå var lederen for Kristiania Bymisjon kommet hjem fra Amerika. Han hadde reist til Amerika for å samle inn penger. Det ble ingen suksess. T.B. Barratt kom hjem med noe veldig dyrebart: Han kom som bærer av den Hellige Ånds ild og kraft! Dette skjedde midt i en bevegelse som allerede var i gang verden over. Det virker som alt skjedde samtidig. De som kom til møtet, var godt forberedt på hva lederen nå sto for. Men likevel - dette var for sterkt! Det var ikke noe nytt som skjedde, men bare enda mer av det som allerede var i gang.

Det ble ikke noe større greie på det første møtet om formiddagen. For Barratt sto bare og gråt! Mannen som var kommet hjem med ilddåpen, fikk sannelig ikke sagt mye.
"Han er fra seg selv,"sa folk - og forlot møtet. Men en del av flokken ble igjen. Det var ikke godt å vite hva som beveget seg i dem, der de satt å så på den gråtende predikanten. Det som nå hendte var:

Gjentagelsen av den første pinse, i Norge - brannfakkelen var her!
Kontakten med den Hellige Ånds ild og kraft var nå knyttet til Kristiania, Norge. Midt i julestrevet, fra en provisorisk talerstol i de

”legemlige øvelsers tempel”, ble en pinseåndens brannfakkel kastet inn i den norske kristenhet! Ryktene gikk allerede før møtene. ”Byposten” hadde nemlig hatt artikler skrevet av T.B. Barratt mens han var i Amerika. “Byposten” var fylt med beretninger om den store vekkelsen i Wales ved Evan Roberts, og de store vekkelsesmøtene som dr. Torrey og John Alexander Dowie hadde i England.
Nå var altså T.B. Barratt kommet med den samme dåpen i den Hellige Ånd og ild til Norge. Så må vi ikke glemme brødrene Storm Monsen, som hadde vært i gang med ilden og kraften i den Hellige Ånd, allerede i 11 år, ut fra Stavanger.

Kapittel 18
Ånden har vært her siden pinsefestens dag

Ånden hadde vært her siden pinsefestens dag, men ingen hadde ved tro og Ordets åpenbaring "tatt Han ned og i bruk" i Jesu Navn! Da bortsett fra brødrene Storm Monsen noen år tidligere. Men de fikk ikke den utbredelsen av den Hellige Ånds ild og kraft, som det T.B. Barratt ble et redskap for. Han ble lederen for den norske pinsebevegelse, ut ifra opplevelsene med dåpen i den Hellige Ånd og ild - pinsevekkelsen. Som jeg har forstått, ønsket ikke Barratt å starte opp noe nytt kirkesamfunn - det bare ble slik.

Pastor Body kom over til Oslo fra England. Han ble døpt i den Hellige Ånd og ild ved T.B. Barratts håndspåleggelse i Kristiania.

Smith Wigglesworth døpt i den Hellige Ånd og ild

Da Pastor Body var vel hjemme i England igjen, brant Åndens ild i hans forsamling også, og mennesker strømmet til. Fra Bradford kom det en mann som hadde hørt om alt det som skjedde. Han ble bedt for av Pastor Body og ble døpt i den Hellige Ånds ild og kraft. Den mannen var **Smith Wigglesworth**. Han hadde ikke tidligere vært noen forkynner. Men han var en medhjelper til sin hustru Molly, for hun var forkynner i Frelsesarmeen i Bradford.

Den Hellige Ånd beveget seg ganske så likt over hele verden - der den slapp til ved tro

Vi ser hvordan dette skjedde ganske så likt i Norge, som i andre steder i verden. Her hjemme og utover i Europa, opplevde mennesker en dåp i den Hellige Ånd og ild. Avisene skrev om uhyggelig tungetale og hysterisk opptreden i møtene.

Helbredelser, tungetale, profetier og henrykkelser gikk igjen der vekkelsen brøt frem. Stedene var Providence, Rhode Island, Arkansas, Sveits, New York, Montreal, Nord - Carolina og mange andre steder.

Alle de overnaturlige åndelige nådegavene syntes å være i virksomhet der vekkelsen fikk feste. Tungetalen sto dog i sentrum for interessen i de første hektiske måneder. Slik ble det også i Kristiania.

Kapittel 19
Hvor var miraklene i "stor skala"?

De store overnaturlige gjennombruddene med helbredelser, tegn, mirakler og utfrielser fra demoner med tyngde (og i stor skala), uteble. Meg forstått ble det aldri noen helbredelses- og utfrielsesvekkelse ut av dette. Mange opplevde helbredelse, mange opplevde en dåp i den Hellige Ånd. Mange talte i tunger og profeterte. Det var tungetalen som ble kjennetegnet på pinsebevegelsen.

Merkelappen på pinsebevegelsen – tungetalen
Det var mye tunger og tydning i møtene. Det er det som var og ble merkelappen på pinsebevegelsen, i Norge som ellers i Europa. Det var sterke møter der tungetale, profetering og tydning sto sentralt. Det andre i misjonsbefaling (Markus 16,15 og ut kapitlet), var det ikke så mye av.

Helbredelsespredikant W. Freeman, USA, til Filadelfia, Oslo
Han kom til Norge for å ha noen møter i Filadelfia, Oslo. Dette var i 1950. Han var invitert av pinsebevegelsen. Helsemyndigheter,

massemedia og en hop med forbeholdne, reserverte og helt igjennom kritiske pastorer og predikanter, kvesset sine våpen til øyeblikkelig angrep - om det skulle finnes noen angrepspunkter! Helsedirektoratet hylte opp om møtene. Dette var samtidig med helbredelses-vekkelsen i USA.

William Branham kommer

Noen måneder senere, fremdeles 1950, kom en annen forkynner fra USA, det var William Branham. Igjen rustet de velkjente fiender av troens evangelium seg til kamp mot det de kalte svermeri, ekstase og humbug. Pastor Branham fikk forbud fra politiet når det gjaldt å be for syke. Helsedirektør Karl Evang sa at dette gikk under kvakksalverloven. Hadde de visst om Freemans metoder, hadde de brukt den mot ham også, uttalte Evang.

Sterke møter med Åge - Norges helbredelsesevangelist nr 1

Åge Samuelsen var jo den nordmann som brakte helbredelse kraftig på banen i Norge.
Mennesker ble helbredet, frelst og døpt i den Hellige Ånd i hans møter rundt om i landet vårt.
Steinar Drage var også en annen broder Gud brukte til helbredelser i Norge. Disse brødre ble fort stående utenfor pinsebevegelsen.
De hadde det overnaturlige, guddommelige med seg, spesielt når det gjaldt helbredelse.

Steinar Drage hadde også noe av utfrielsens tjeneste fra demoner. Men det er noe som kun har vært i beskjeden grad i dette i landet.
Åge Samuelsen hadde sterke møter med mange helbredelser etter at disse amerikanerne hadde vært i Norge. Også han møtte sterk motstand fra helsemyndighetene, men mennesker ble helbredet over alt Åge dukket opp! Det ble mye bråk innen pinsebevegelsen angående denne predikanten.
Broder Åges brudd med bevegelsen kom i 1957. Vantroens forkynnere i bevegelsen ville ikke ham. Åge var absolutt ikke fullkommen, men hvem er det?

De Gud legger Sin hånd på
De menneskene som Gud legger Sin hånd på og begynner å bruke i helbredelses- og utfrielsestjeneste, må vi støtte. Om de ikke er perfekte i dine øyne, så må vi stå med dem i sterk bønn, personlig støtte og økonomisk støtte. Vi må "legge vår liv inn i støtten" som gjenfødte Jesu etterfølgere, hvis vi skal få gjennomført den oppgaven Kristus har kalt oss alle til, uten unntak. Les Markus 16,15 og utover: "Jesus sa: Gå ut i all verden og forkynn evangeliet for all skapningen."

Kapittel 20
Vantro-lokket på Norge

Jeg ble frelst under det som ble kalt **"Jesusvekkelsen"** på 70-tallet. Ja, det var en bevegelse og jeg kunne ha sagt mye om dette. Men det kan du lese om i boken min "Få lausbikkja ut".

Men hva skjedde her? Det var det som ble kalt "den karismatiske vekkelse" som gjaldt når jeg ble frelst. Og den varte noen år. Det var mange fra lutherske miljø som ble "døpt i den Hellige Ånd". Og fra andre sammenhenger også, **ble det sagt**, blant annet katolikker.

Katolikkene har jo en teologi som ikke stemmer overens med Bibelen, på de viktigste områdene. Så hva var det de ble døpt i? Var det den Hellige Ånds kraft og ild? Jeg stiller et stort spørsmålstegn til det. Områdene som dreier seg om "alt som fører Kristus frem som Guds levende Sønn og et forsoningsverk vi kan ta imot direkte fra Kristus", har den Katolske kirke helt vrangt. Det er vranglære. Derfor blir de heller ikke frelst. Dette vet de kristne ikke stort om. (Jeg har ikke skrevet bok om dette, men har produsert TV-serie om emnet). Vi må kjenne sannhetene i Bibelen! Og det er viktig å vite hva andre står for. Vi må kjenne fiendens strategi for å seire over ham.

Den absolutte nødvendighet - dåpen i den Hellige Ånds kraft og ild

Jeg har en bok skrevet av Osvald Orlien som ble gitt ut på Filadelfiaforlaget i 1941. Den heter "Femti korte prekener av T.B. Barratt".
Der skriver Orlien innledningsvis: "Den siste kvelden Barratt levde, var en del av brødrene fra Filadelfia (Oslo) inne i sykerommet hos ham, og hilste på ham for siste gang her på jorden.
Han hadde noen gode avskjedsord til oss alle. Det hadde han også til meg. Blant annet ba han meg å sørge for at den serien han hadde med korte prekener igjennom "Korsets Seier", skulle komme ut i bokform. Jeg fant da frem de 50 prekener fra korsets seier. Disse ble da utgitt i bokform året etter T.B. Barratts død og rett før den andre verdenskrig." De femti korte prekenene, representerte nær sagt alle sidene i den åndelige stridsmannens gedigne forkynnelse.
Etter å ha lest denne boken, sitter jeg igjen med en "sluttsum" jeg her vil reflektere litt over.

Kapittel 21
Uten det grunnleggende har vi ingenting

Nr1: Omvendelse

I dag hører vi ikke stort om å omvende seg. Det er den første virkelige nødvendighet, hvis vi ønsker et forhold til Kristus. Uten omvendelsen kommer vi ingen vei. Har du levd et liv uten Kristus i en årrekke, har du igjennom dine sanser (inn i ditt kjøtt) lagt deg til mange ugudelighetens vaner. Disse ugudelighetens vaner, må du omvende deg ifra.

Du må snu ryggen til dem og forlate dem en gang for alle. Du vil selvfølgelig få en kamp i livet ditt angående dette. Det å leve som en kristen, er et liv i kamp. Det å leve som en kristen er et liv i lidelse. Dette høres tøft og vanskelig ut, tenker du. Ja, da tenker du helt rett. Omvendelse består ikke bare av å ønske frelse! Man omvender seg faktisk fra sine synder! Avskjærer all forbindelse med dem i sin vilje. Ikke med en lang rekke lovgjerninger og forbedringer, men ved en hellig beslutning om aldri å vende tilbake til dem. Dette viser at man har bøyd seg for Guds vilje. Vi er nå på vei inn i en ny type liv. Et liv i en åndelig dimensjon og da kan ikke kjøttet regjere. Hvis vi ikke omvender oss fra det, kommer vi aldri inn i den åndelige dimensjonen som Gud har ment for oss i livet vårt.

Nr 2: Erkjennelse

Det er av høyeste prioritet å erkjenne sine feil og be om tilgivelse. Vi må ikke fortsette med å finne unnskyldninger for å rettferdiggjøre oss selv. Det er en prosess man må bestemme seg for å gå igjennom, med bruk av sitt vilje-liv. Det er du som bestemmer om du vil, ingen andre. Har du nå kommet frem til dette punktet? Har du omvendt deg fra synden og kjøttets gjerninger, og til Kristus? Tar du imot Jesus Kristus som din personlige Frelser og Herre? Du bestemmer deg for (eller imot) dette med ditt vilje-liv. Er du villig til å la Ham bli den ledende Herre i ditt liv? Vil du la Han få råderetten i deg? Vil du overgi bestemmelsesretten din, og overgi alt i ditt liv, til Kristus?

Paulus sier det så klart: "Hvis du med din munn bekjenner Kristus som Herre, og i ditt hjerte tror at Gud oppvakte Ham ifra de døde, da skal du bli frelst."(Rom 10,9) Her holder det ikke med kun en vag bekjennelse. Dette må være en omvendelse for livet, tatt seriøst - 100 %.

Nr 3: Gjenfødelse, en ny skapning

Blir du ikke født på ny, blir du ikke en ny skapning. Her må alt satses! Livet må satses. Hør hva som skjer i den nye fødsel: Du blir en ny skapning. Det åndslivet du er født med, har arvesynden i seg, helt tilbake til Adam og Eva. Når du omvender deg, som jeg har forklart, vil ditt medfødte åndsliv forlate deg. Ikke sjelen/personligheten din. Den forblir. Den blir ikke født på ny. Den blir forvandlet ved fornyelsen, som skjer i sinnet.
La oss først se nærmere på det med Ånden. Den gamle ånden forlater deg, synden er (som jeg kaller det) "støysenderen" i den medfødte ånden. Nå forsvinner den ut - og en helt ny syndfri Ånd i Guds bilde - blir skapt og satt inn. På denne syndfrie Ånden er det ingen "støysender".

Nr 4: Valget er ditt

Ved å leve overgitt og omvendt til Jesus, og adlyde det skrevne Guds Ord, vil ingen "støysender" komme tilbake. Det er ikke lenger noen plass til den. "Støysenderen" er synden som gjerne vil inn og ødelegge ditt liv.
Nå har ditt liv fått en ny start, med samme muligheter og potensial som Adam og Eva hadde før syndefallet. Du bestemmer selv med ditt vilje-liv om du vil følge Jesus på din vandring eller ikke, igjennom ditt liv på jord. Dette er frivillig. Hm.. Ja, nå fikk du noe å tenke på.

Jesus som Herre
Adlyder du din Herre Jesus og Hans Ord, Bibelen, vil du vokse og bli mer og mer lik Ham.

"Halvt-om-halvt kristen"
Lever du bare halvt-om-halvt, vil du bare ha kamp og få problemer. Det vil bare være et tidsspørsmål før du faller fra troen. Det kan ta noe tid og du ender opp som en navn-kristen, en religiøs figur uten noe åndelig liv. Da kaster du bort tiden for deg selv.

"Gi-blaffen-kristen"
Noen gir også blaffen fra dag en, og lever som de vil i kjøttet og i alle verdslige sammenhenger. Da faller de rett av igjen. De ender som regel ikke engang opp som religiøse figurer. De faller helt vekk fra det kristne fellesskapet.
Noen lever livet videre som likegyldige, mens andre igjen ender opp som ateister. Jeg håper ikke det er mange i den gruppen. Da blir veien ekstra hard tilbake til Kristus. Vi har et kjøtt som ikke liker ydmykelse og selverkjennelse.

Nr 5: Dåp i den Hellige Ånd og ild
Er de rette skrittene tatt inn i et liv med Jesus som Herre? Er du klar for dåpen i den Hellige Ånd og ild? Da er det snakk om å motta den kraft som er tilgjengelig for deg fra Gud. Slik at du kan være en bevisprodusent, om Hans Sønn Jesus Kristi oppstandelse ifra de døde.

"Men er ikke Kristus oppstanden, da er vår forkynnelse intet, da er også deres tro intet. Men nå er Kristus oppstanden fra de døde og er blitt førstegrøden av de hensovnede."
(1 Kor 15,14.20)

Seiers-kriteriene
A. Jesu Kristi forsoningsverk på Golgata, som beseiret all verdens synd en gang for all evighet. Det som blir oss tilgodesett når vi lar Jesus bli en reell Herre i våre liv - og vi blir født på ny.

B. Jesu Kristi Hellige blod, uberørt av synden, som beseiret Satan en gang for all evighet.

C. Jesu Kristi oppstandelse ifra de døde
Dette er alt på plass fra Guds side. Er dette også kommet til forståelse og aksept i ditt liv, er seieren din i Jesu Navn!

Nr 6: Forståelse
Har du akseptert dette? Har du forstått dette? Har du begynt, eller lever du i denne forståelse? Har du kommet til det punkt, at du lever i denne forståelse, fra et bevisst overgitt liv til Kristus? En bevisst vandring med Ham, og en bevisst villighet til å betale den prisen det koster å følge Ham. **Prisen er hele ditt liv.** Jesus vil ha **alt** av deg, **hvis ikke vil det åndelige livet i deg aldri fungere.**

Hør hva Jesus sa til disiplene: "Dersom dere blir i Meg (i hans skrevne Ord, Bibelen), og Mine Ord blir i dere, da be om hva dere vil, og dere skal få det."(Joh 14,7)

Dette er fantastisk
Lever vi sammenvevd med Jesus på denne måten, da lever vi i Hans vilje med livene våre. Alt vi da vil, er jo det Han vil. Så da er det enkelt å be om hva vi vil. Dette er fantastisk.

Nr 7: Viljestyrt, sterk tro
"Alt det som er født av Gud, seirer over verden - og dette er den seier som har overvunnet verden, vår tro."(1 Joh 5,4)

Er du klar? Har du kommet til dette punktet? Ingen unnskyldninger holder. Du har ikke lenger noen unnskyldninger. Du har kun et overgitt liv, Jesus er Herre. Er du på dette punktet med ditt liv nå? **Er du klar for å gi alt?**

Nå er tiden inne. Alt du har på jorden tilhører Herren. Det skal brukes til
Hans oppgave nr 1: Å nå den resterende verden med evangeliet, så Jesus kan komme igjen.

Er du såpass åndelig våken og dristig med den troen du vet du har, at du også overgir pengene dine til Guds sak? Gir inn det du har for Guds rikes fremme? Kommer du med deg selv for å tjene vederlagsfritt for Guds rikes sak?
Nå er det tid for å gi alt du har, utenom det du trenger for å leve ditt daglige liv med familien.
Nå er tiden for å vise hva du tror - og hvem du tror på!

Kapittel 22
Krigen begynner - mellom ånd og kjøtt

Jo mer du satser, desto mer vil krigen mellom kjøtt og ånd herje med deg. Når du har fått etablert deg i Kristus, og vist Satan hvem som er **sjef** i ditt overgitte liv til Kristus Jesus, vil Satan litt etter litt slippe taket rundt deg. Han vet det ikke nytter. **For når han ser deg, ser han Kristus i deg.** Dette er den store hemmeligheten. Uansett hvor du dukker opp, ser mennesker, og Satan, kun Kristus i deg.

Når det grunnleggende er lagt solid, bygger vi videre - og da er det alltid mer enn seier
Vi skal vandre og leve avslappet i fred, i seieren Kristus vant for oss. Med Kristi kjærlighet i hele vår tilværelse.
"Men nå, i Kristus Jesus, er dere som før var langt borte, kommet nær til ved Kristi blod.
For han er vår fred." (Ef 2,13.14)

I Kristi seier, lever du i kjærlighet og fred.|

Guds jobb nr1 - Verdensevangelisering

Tom Arild Fjeld har reist over hele verden og forkynt evangeliet siden 20 års alderen. De siste årene har han skrevet mange bøker, som kommer ut etter hvert. Aktuelle bøker for den tiden vi lever i. Følg med på sosiale medier, kristne tv-stasjoner og aviser hvor han har møter og undervisning.
Vær med og støtt tjenesten regelmessig økonomisk eller bli en praktisk partner i den.

Følg sidene www.brothertom.org ,
Tro & Visjon på Facebook
og www.twitter.com

Ta kontakt på Facebook eller
tomarildfjeld@gmail.com

Forsidebilde
Illustrasjonen på forsiden viser Åndens kraft i fargesprakende sammensetting.
Bildet er fra et korstogs-møte i Plovdiv, Bulgaria. Dette var rett etter kommunismens fall i Europa.
Jeg var for meg selv bak plattformen en halv time og snakket med Herren. Da jeg kom ut på plattformen, fikk jeg ikke sagt mange ordene før døve ører begynte og åpne seg, og mennesker fikk hørselen tilbake. Dette er noe som skjer overalt på mine korstog. Etter en del vitnesbyrd om disse helbredelsene, begynte mennesker som ikke hadde funksjon i beina å kaste krykker opp på plattformen. Deretter gikk de målbevisst frem og tilbake foran plattformen og ropte: «Jesus, Jesus». Jeg løftet krykker opp i været som et vitnesbyrd om at:
Kraften vinner krigen.

Den Hellige Ånd var de kristnes eneste makt
I "Utsyn" skriver Anders Nørgaard: "Den Hellige Ånd spilte en avgjørende rolle i den første menighets kristenliv. Den Hellige Ånd var de kristnes eneste makt. De eide ingen annen styrke av noen art. Men de kunne heller ikke bli svake på noen annen måte, enn at den Hellige Ånd forlot dem.
De hadde ingen annen rikdom i verden, men de kunne heller ikke bli fattige på annen måte, enn hvis den Hellige Ånd forlot dem."

www.ingramcontent.com/pod-product-compliance
Lightning Source LLC
LaVergne TN
LVHW051249080426
835513LV00016B/1816
9788293410348